쉽게 방전되는
당신을 위한
에너지 사용법

쉽게 방전되는
당신을 위한
에너지 사용법

**쑬모없는 것은 버리고 중요한 것에만
집중하는 오늘 치 에너지 배분의 기술**

게일 골든 지음 | 한원희 옮김

갤리온
GALLEON

프롤로그
인생은 결국 에너지의 문제

이른 아침, 사무실에 가기 위해 기차에 오르면 다른 승객들의 얼굴이 보인다. 자는 사람도 있지만 대부분 스마트폰을 보거나 음악을 듣고 있다. 멍하니 창밖을 바라보는 이도 있다. 하지만 기분이 좋아 보이거나 에너지가 넘치는 사람은 잘 안 보인다.

번화가를 걸을 때도 매한가지다. 사람들은 대부분 고개를 숙인 채 지친 기색으로 재빠르게 지나쳐 간다. 길모퉁이에서 구걸하는 사람들은 더욱 지쳐 보인다. 그렇다고 우리가 그들보다 딱히 더 행복해 보이지도 않지만.

일과를 마치고 사람들은 집으로 돌아간다. 개중에 운이 좋은 이들은 사랑하는 사람들이 기다리는 곳으로 가고 있을 것이다. 그들의 모습에서 기쁨과 설렘이 느껴지는가? 아니, 그러기는커녕 오전보다 더 피곤함이 묻어난다.

나는 내 인생이 이렇게 되길 바라지 않는다. 물론 여러분의 인생도 마찬가지다.

우리는 워라밸을 찾는 방법과 시간 관리 비결, 모든 일을 완벽하게 해내는 기술에 대한 기사를 읽는다. 그 방법들이 정말 도움이 될까? 아니다. 그런 기사들을 읽다 보면 우리의 자존감만 낮아진다.

기사만 보면 모든 것이 매우 단순하다. 시관 관리 앱을 사용하고, 건강해지는 주스를 마시고, 명상을 하며 만트라를 외면 누구나 완벽한 인생을 살 수 있다. 글쎄, 인생은 결코 그렇게 단순하지 않다. 나는 복잡한 문제에 간단한 해답을 제시하는 것을 경계한다.

수많은 기업이 우리가 가진 모든 문제를 해결할 마법 같은 해결책을 제시한다. 내 메일함은 부자가 되고, 젊어지고, 날씬해질 수 있는 신속한 해결책들로 가득하다. TV 광고, 유튜브, 인터넷의 배너 광고를 살펴보라. 온통 기적 같은 이야기들뿐일 테니! 최근 들어서는 내가 '만만한 고객 명단'에 올라 있는 건 아닌지 의심스럽다. 여러 기업으로부터 고객과 수입, 심지어 이 책을 읽을 독자들의 수를 기하급수적으로 늘려주겠다는 제안을 받고 있다. 그런 제안은 내 지갑은 가볍게 하는 대신 다른 누군가를 부자로 만들어준다는 점에서 가히 마법이라고 할 만하다.

나는 무엇보다 복잡한 인생 문제에 기만적이라고 느껴질 만큼 간단한 해답을 제시하는 것에 화가 난다. 특히 '옳은 일을 하면 됩니다Just do the right thing'라는 문구를 보면 짜증이 솟구친다. 누구나 옳은 일을 하고 싶어 한다. 그런데 옳은 일이라는 것을 어떻게 알 수 있을까? 사람마다 옳은 일의 기준은 다를 때가 많다.

따라서 나는 행복하고 생산적인 인생을 사는 게 '간단한 일'이라고는 말하지 않겠다. 간단하다면 모두가 그런 인생을 살고 있을 테니까. 하지만 행복하고 생산적인 인생을 사는 게 '가능하다'라고는 장담할 수 있다. 나는 지금까지 관련 직종에 종사하며 이 문제를 깊이 연구해왔다. 내가 이 책을 쓴 이유는 그동안 내가 알게 된 사실들을 여러분에게 공유하기 위해서다.

일을 시작하고 얼마 지나지 않아 여러 가지 일을 한꺼번에 해야 했다. 상담 센터를 운영하며 대학에서 강의를 했고, 매주 신문에 칼럼을 기고했으며, 남자아이 셋을 양육하는 동시에 남편에게 좋은 배우자가 되기 위해 노력했다.

이렇게 사는 것은 쉽지 않다. 나는 본래 에너지가 넘치는 사람이었는데도 곧잘 진이 빠졌다. 어떤 일도 제대로 하고 있지 않다는 생각이 들었다. 그래서 한꺼번에 여러 가지 일을 성공적으로 해내는 것처럼 보이는 다른 사람들을 관찰하기 시작했다. 아이 셋을 키우면서 저술 활동을 하고, 유대교 회당에서 지도자 역할을 하는 저명한 의사, 첨단 연구를 진행하는 동시에 아이 넷을 키우고, 시를 쓰며 기타를 배우는 교수, 집을 멋지게 꾸미고 항상 완벽한 차림새를 갖추고 다니는 훌륭하고 덕망 높은 치료사가 있었다. 그리고 그런 사람들과 동떨어진 곳에 내가 있었다.

그 사람들은 도대체 어떻게 하는 걸까? 나는 내가 반드시 되어야 하는 사람의 이미지를 정해놓은 뒤 심하게 자책하곤 했다. 맡은 일을 척척 해내면서도 주위 사람들에게 다정하고 재미있는 사람, 필요할 때 도움의 손길을 내어주는 사람, 언제나 침착하고 상냥한 사람이 되고 싶었다.

그러던 어느 날 내게 큰 깨달음이 찾아왔다. 다른 사람들 눈에는 내가 모든 일을 다 척척 해내는 사람으로 비친다는 사실을 알게 된 것이다. 어안이 벙벙했다. 내 상태가 엉망진창인 걸 몰랐다고? 이렇게 분명한데도?

곧이어 두 번째 깨달음이 찾아왔다. 모든 일을 잘할 수 있는 사람은 없다. 누구든지 어디에선가 빈틈이 있다. 그저 치부를 감추는 데 능한 사람이 있을 뿐이다.

세 번째 깨달음은 이렇다. 사람들은 대부분 겉으로 보이는 타인의 모습과 자신의 내면을 비교하는 치명적인 실수를 저지른다. 모든 일을 완벽하게 해내는 것처럼 보이는 사람들은 과연 어떨까? 속을 들여다보면 그들도 여느 사람들과 다름없이 정신을 놓고는 자신을 혹사하며 자기비판을 하고 있다.

내가 얻은 세 가지 깨달음을 정리하면 다음과 같다.

- 내가 느끼는 열등감과 별개로, 사람들은 내가 모든 일을 다 해 내는 사람이라고 생각한다.
- 모든 일을 다 잘하는 사람은 없다.
- 사람들은 겉으로 보이는 타인의 모습과 자신의 내면을 비교하 는 치명적인 실수를 저지른다. 그런 생각은 월등해 보이는 사람 은 월등한 감정들을 느낄 거라는 오해에서 시작된다.

과도한 의무감에 지친 사람들

심리치료 경력이 20년이 넘었을 즈음, 나는 여느 날처럼 누 군가가 자신의 심리적 문제에 대해 이야기하는 것을 듣고 있 었다. 그런데 문득 이런 생각이 들었다. '난 당신이 어떤 말을 할 것이며, 내가 무슨 대답을 할지 알고 있어. 치료가 어느 정 도 걸리는지, 어떤 결과가 나올지 알고 있지.' 바로 그때 나는 새로운 직업을 찾아야 할 때가 왔음을 깨달았다. 내 고객들은 진심으로 일하는 치료사가 필요했고 나는 도전적이고 설레는 일이 필요했다. 지금 하는 일에 번아웃이 찾아온 것이다.

심리학자가 할 수 있는 다른 일을 찾아보던 중 나는 경영인이 자기 일을 더 잘할 수 있도록 돕는 일에 관심이 생겼다. 인간 행동에 관한 나의 전문 지식을 새로운 과제에 적용할 수 있을 것 같았다. 그리고 리더의 역할을 잘할 수 있도록 한 명의 관리자를 돕는다면, 개별 환자들과 수백 시간을 보내는 것보다 사람들이 정서적 안정을 얻는 데 더 많이 기여할 수 있을 것이라는 확신이 들었다.

그러나 나의 새로운 커리어 계획에는 딱 한 가지 걸리는 게 있었다. 내게는 경영 지식이 전무했다. 그게 내가 경영대학원에 진학한 이유다. MBA 학위를 딴 뒤 나는 경영심리 컨설팅을 하는 글로벌 기업에 합류했고, 지금은 컨설팅회사를 창업해 경영인들의 컨설턴트로 일하고 있다.

흥미로운 것은 상담 센터에서나 경영 컨설팅을 할 때나 나를 찾아오는 고객들에게 공통적인 문제점이 있다는 것이다. 모두 과도한 의무를 지고 있었고, 기대치가 높았으며, 자신을 돌보는 일에 애쓰지 않았다. 내 고객이었던 켈리의 사정을 들어보자. 켈리는 작은 사업을 하며 아이 둘을 키우는 여성이었다. 나를 찾아오기 약 1년 전부터 켈리는 다양한 신체적, 인지적 증상을 겪기 시작했다. 통증과 피로를 끊임없이 느끼고 업무에 집중하기 힘들어했다. 몸은 피곤한데 쉬이 잠들지 못하고 일상을 지속하기가 점점 더 힘에 부쳤다.

켈리의 이야기를 듣다가 나는 그녀가 지난 수년간 피로와 탈진 증상을 무시해왔다는 사실을 알게 됐다. 아무리 힘들어도 버텨야 한다는 가치관을 고수했는데 마침내 몸이 억지로 브레이크를 건 것이다.

겉으로 보기에 켈리는 너무 많은 일을 하기 위해 애썼고, 지나치게 높은 기준에 자신을 맞추고 있었다. 몸과 마음이 하는 말을 듣지 못하고 다른 사람의 기준에 과도하게 신경 썼다. 그 결과, 뛰어난 잠재력을 가진 켈리가 자신이 누릴 수 있는 충만하고 생산적인 인생을 살지 못하고 있었던 것이다.

켈리와 같은 문제를 겪고 있는 사람들을 25년간 도우면서 나는 에너지 관리의 중요성을 깨달았다. 먼저 엔지니어의 관점에서 에너지를 살펴보자. 사용할 수 있는 에너지를 최대화하려면 두 가지에 유념해야 한다. 첫째, 사용할 에너지 총량인 에너지 용량을 늘려야 한다. 둘째, 한정된 에너지를 중요한 곳에 사용하고, 쓸모없는 곳에 허비하지 않기 위해 에너지를 최대한 한곳에 집중해야 한다. 이것이 바로 핵심이다.

그렇다면 어떻게 에너지 용량을 늘릴 수 있을까? 이 방법은 『몸과 영혼의 에너지 발전소』라는 책에 잘 정리되어 있다. 내게 코칭을 받으러 오는 모든 고객에게 추천하는 이 책은 내 인생을 바꿨다고 해도 과언이 아니다. 이 책에서 내가 가장 중요하게 생각하는 에너지 관리에 관한 주장은 총 다섯 가지다.

- 시간을 관리하는 것은 불가능하다. 하루는 24시간이며, 그것에 대해 당신이 할 수 있는 일은 없다. 시간 관리 대신 에너지 관리에 집중해라.

- 인생을 마라톤에 비유하는 사람은 무시해라. 생산적으로 살아가는 사람들은 삶이 마라톤이 아니라 연이은 단거리경주라는 사실을 알고 있다.

- 인생을 운동선수처럼 살아라. 정해진 시간 동안 전력 질주한 뒤 회복기를 가져라.

- 회복 후 인생의 리듬으로 다시 들어갈 수 있도록 자신만의 의식을 만들어라.

- 에너지에는 총 네 가지 종류가 있다. 물리적 에너지, 감정적 에너지, 정신적 에너지, 영적 에너지. 이 모두를 평가하고 관리해라.

에너지 용량을 극대화하는 것이 충만하고 생산적인 삶을 사는 지름길이다. 그런데 주의할 것이 있다. 이러한 습관이 몸에 배기까지는 시간과 에너지가 소모된다. 특히 처음 시작할 때 더욱 그렇다. 회복을 위한 의식? 충분한 수면? 건강한 식사? 연차휴가 전부 사용하기? 이것을 다 할 여유가 있는 사람이 어디 있겠는가? 또한 애써 용량을 늘린다 하더라도 우리가 가진 에너지는 한정적일 수밖에 없다. 결국 우리에게는 에너지를 최대한 한곳에 집중하는 전략이 더 안정적이다.

에너지 큐레이션을 제안하다

내가 즐겨 사용하는 이미지가 있다. 바로 4구 가스레인지다. 한 번에 몇 개의 냄비를 올릴 수 있을까? 난센스 퀴즈가 아니므로 정답은 4개다. 만약 다섯 번째 냄비를 올려놓으려면 어떻게 해야 할까? 이것도 난센스 퀴즈가 아니다. 정답은 냄비 하나를 빼서 빈자리를 만드는 것이다. 그렇다면 냄비 17개를 동시에 올려놓으면 어떻게 될까? 하나도 제대로 끓이지 못하면서 바닥이 물로 흥건해질 것이다.

그런데도 많은 사람이 날마다 4구 가스레인지에 냄비 17개를 올리려고 한다. 그리고 말도 안 될 정도로 많은 일을 다 해낼 수 있다고 생각한다. 바닥이 엉망진창이 되고 나면 그제야 이유를 궁금해한다!

사람들은 마치 자신의 에너지가 무한대라도 되는 듯 행동한다. 수많은 과제와 무리한 요구를 전부 받아들이며 자신을 극한의 상황으로 몰아붙인다. 그러나 우리가 가진 에너지는 한정적이다. 아무리 애를 써도 그렇다. 과중한 부담에 짓눌린 사람들의 마음을 치료하며 나는 자신이 가진 에너지를 현명하게 사용해야 행복해진다는 진리를 발견했다. 인생에 필요한 선택을 하고 거기에 에너지를 집중하라. 그 외의 일들에는 에너지를 덜 쓰거나, 쓰지 마라. 가치 없는 일들에 에너지를 아껴 써야 중요한 일에 탁월해질 수 있다. '에너지 관리'야말로 행복하고, 생산적이고, 자유로운 삶을 사는 비결이다.

그렇다면 대체 중요한 일을 하는 데 필요한 에너지를 어떻게 찾을 수 있을까? 에너지를 극대화하기 위한 에너지는 어떻게 마련해야 할까? 나는 이 책에서 이 모든 것을 가능하게 만들기 위한 '에너지 큐레이션'을 제안한다. '큐레이트Curate'라는 동사는 '선택해서 정리하다'라는 의미다. 주로 미술관이나 전시회, 도서관, 공연 등에서 이루어진다. 미술 전시회를 생각해보자. 미술관이 소장하고 있는 모든 작품을 벽에 걸어야 할까? 물론 그럴 리 없다. 큐레이터는 전시회의 주제에 가장 합당한 작품을 선택한 뒤 관람객에게 주는 효과를 극대화할 수 있는 방식으로 배치한다. 가장 중요한 작품이 제일 눈에 띄는 곳에 배치되고 홍보 포스터에도 등장한다. 중요도는 덜하지만 관련성 있는 작품들은 덜 주목받는 공간에 전시된다. 선택받지 못한 작품들은 어떻게 될까? 버리거나 처분하지 않는다. 추후에 열릴 전시회를 기약하며 창고에 보관한다.

큐레이터는 정말 어려운 직업이다. 전시회, 도서관, 콘서트에서 보여줄 수 있는 것보다 어김없이 더 많은 그림, 책, 음악이 존재하기 때문이다. 그림, 책, 음악이 전부 훌륭하다고 해서 다 보여줄 수도 없는 노릇이다. 따라서 큐레이터는 신중하면서도 과감하게 어떤 것을 취하고 어떤 것을 배제할지 결정해야 한다.

각자의 에너지를 큐레이션할 때도 동일한 과정을 거치면 된다. 자신에게 가장 중요하고, 의미 있고, 즐거운 일을 선택해서 그 일을 하는 데 에너지를 집중해라. 이 말은 곧 당신의 삶 속에 존재하지만 중요도가 덜한 일을 잠시 옆방에 두고, 동시에 수많은 다른 일은 다음을 기약하며 창고에 보관하라는 의미다.

에너지 큐레이션을 할 때는 할 일을 다음 세 가지 범주로 나눠야 한다.

- 적어도 지금은 하지 않을 일
- 보통 수준으로 할 일
- 탁월하게 잘할 일

'적어도 지금은 하지 않을 일'은 당신에게 전혀 중요하지 않은 일이다. 나는 그런 일에 에너지를 소모하지 말고, 과감하게 손을 떼라고 조언하고 싶다. 그러기 위해서는 자신에게 쏟아지는 수많은 요구에 '안 돼'라고 말하는 용기가 필요하다. 혹은 무언가를 부탁하는 사람들에게 거절하는 방법도 배워야 한다.

'보통 수준으로 할 일'은 하긴 해야 하지만 꼭 잘할 필요는 없는 일들을 뜻한다. 우리는 어떤 일을 그럭저럭 끝내는 것을 힘들어한다. 모든 일을 완벽하게 끝내야 한다는 강박에 시달리기 때문이다. 그러나 우리의 한정된 에너지를 생각하면, 완벽주의란 환상에 불과하다. 대체 누가 모든 일을 완벽하게 해낼 수 있겠는가.

'탁월하게 잘할 일'은 아껴둔 에너지를 쏟아부어야 하는 영역이다. 어떤 일을 가장 잘하고 싶은지는 각자의 우선순위에 따라 다를 것이다. 나는 자신에게 중요한 가치를 찾아내는 일부터 해야 한다고 말하고 싶다.

절대 간단한 일이 아니다. 이 말을 꼭 강조하고 싶다. 거듭 말하지만, 인생은 복잡하니 단순한 해답을 경계해야 한다. 에너지 큐레이션은 힘들고 계속되는 훈련이며 많은 기술이 필요하다. 큐레이션에 성공한 인생은 변화를 거듭한다. 벽에 걸리는 작품이 수시로 바뀌는 박물관 전시처럼.

감정에 치우치는 일도 아니다. 에너지 큐레이션은 남보다 앞서 나가고, 성취하고, 생산성을 높이고, 영향을 주는 일이다.

또한, 행복과 안정을 찾는 일이다. 전자와 후자는 동시에 일어난다. 자신에게 정말로 중요한 일에 성공을 거두면서 자신감이 생기고, 일에 생산성이 높아지는 가운데서도 인생을 즐길 수 있게 된다.

초반에 언급한 한꺼번에 여러 가지 일을 해내는 것처럼 보이는 사람들을 기억하는가? 물론 그들이 다 해내는 것은 아니었다. 하지만 그들은 자신이 탁월해지고 싶은 활동에 집중하며 에너지 관리에 성공한 인생을 살고 있었다. 당신도 지금보다 더 잘하는 방법을 배울 수 있다. 자신이 자기 인생의 큐레이터가 되어보는 것이다.

자, 그럼 이제 시작해보자.

차례

1

우선순위
설정의 기술

박물관 큐레이터에 대해 생각해보자. 상사인 박물관장이 찾아와 "내년 봄에 개최할 전시회 큐레이션을 맡아주세요"라고 부탁한다. 큐레이터가 흔쾌히 상사의 요구에 응하며 "좋습니다. 전시 주제가 뭔가요?"라고 묻자, 관장이 이렇게 말한다.

"흠, 잘 모르겠어요. 이것저것 한번 해보고 나서 결정할까요?"

큐레이터가 봄 시즌에 맞춰 훌륭한 전시를 기획할 가능성은 얼마나 될까? 그다지 높지 않다. 전시의 주제, 전달하려는 메시지, 일관적인 콘셉트 등 어떤 전시인지를 먼저 알아야 하기 때문이다.

내 고객 중에도 이렇게 갈팡질팡하는 사람들이 있었다. 기술기업의 임원 마이클은 늘 장시간 근무하고 일주일에 3일이상 장거리 출장을 떠났다. 고된 직장에 다니면서도 그는 트라이애슬론 선수, 요리사, 출판 작가까지 겸하고 있었다. 누구나 꿈꾸는 인생일 것이다, 그렇지 않은가? 마이클이 어린 시절 자란 가정의 가훈은 '너는 최고이며, 나머지보다 우수하다'였다. 마이클에게 이 말은 곧 모든 일에 탁월해야 한다는 것을 뜻했다. 탁월해지는 것은 훌륭한 목표지만 중요한 것, 즉 당신이 무엇에 에너지를 집중해야 하는지는 알려주지 않는다.

그러므로 무엇이 중요한지 알아내는 것이 가장 먼저다. 그 첫 번째 단계가 바로 자신의 가치 식별이다. 피로감을 호소했던 내 고객 켈리를 기억하는가? 켈리는 심신의 한계를 벗어날 때까지 자기 자신을 몰아붙인 대가로 통증, 피로, 만성적 고통에 시달렸다. 어리석다고 생각하는 사람도 있을 것이다. 하지만 켈리는 어리석음과는 거리가 멀었다. 똑똑하고 너그럽고 배려심이 많았으며 성실하고 절제력이 뛰어났다. 자기 자신뿐만 아니라 타인을 위해 늘 최선을 다했다.

어쩌다가 켈리가 인생에서 이렇게 힘든 난관에 봉착했는지 이야기를 나누다가 우리는 함께 그녀의 가치를 탐구해보기로 했다. 그녀는 자기 자신과 타인을 볼 때 어떤 점을 가장 높게 평가할까? 상담 도중 두 가지 요인이 계속 떠올랐다.

첫 번째는 끈기였다. 어린 시절 켈리의 집안은 '절대 포기하지 않는 태도'를 강조했다. 이민자인 부모님은 자식들에게 더 나은 삶을 물려주기 위해 고생을 많이 했다. 두 분 다 보수가 적은 일을 마다하지 않고 열심히 일하며 자식들이 대학에 가고 좋은 직업을 얻길 바랐다. 켈리는 어릴 때부터 '포기하는 자는 성공할 수 없으며, 성공하는 자는 포기하지 않는다'고 배웠다.

두 번째 요소는 자율성이었다. 켈리는 무엇보다 직접 책임지는 태도를 중요시했다. 다른 사람에게 되도록 의지하지 않았고, 도움을 요청하는 것을 질색했다. 사실 켈리는 내게 속내를 터놓기 매우 어려워했는데, 자신의 고충을 이야기하거나 타인의 조언을 따르는 게 극도로 불편했기 때문이다.

끈기와 자율성은 둘 다 고귀한 가치다. 이 두 가지가 없는 사람은 쉽게 포기하거나 남에게 과도하게 의지하기 때문에 맡은 일을 제대로 해내지 못한다.

문제는 우리가 핵심 가치를 어릴 때 받아들인다는 데 있다. 어린아이들은 세상을 절대적인 관점에서 바라본다. 아이들의 규칙은 융통성이 없고 변하지 않는다. 성인 중 상당수가 무의식중에 엄격하고 타협하지 않는 가치를 고수하고 있는데, 그러한 가치는 우리가 최고가 될 수 있게 돕기는커녕 앞길을 방해하기만 한다.

내게 중요한 가치를 발견하는 방법

인생에서 무엇이 정말 중요한지 어른다운 결정을 내리기 위해서는 당신이 중요하게 생각하는 가치를 명확하게 정의해야 한다. 올바른 선택을 돕는 어른답고 의식적인 가치부터 앞길을 방해하는 유아적이고 무의식적인 가치까지.

예를 들어, 내 고객 앤이 최상으로 생각하는 가치는 아름다움, 성공, 신성함, 행복이다. 앤은 주변에 있는 모든 것을 아름답게 가꾸는 사람이다. 그녀는 매우 감각적이며 사물이 어떻게 보이고, 들리고, 느껴지고, 음식에서 어떤 맛과 향이 나는지를 중요하게 생각했다. 또한, 유명해지고 존중받길 원했으며, 하는 일에 많은 보상을 바라는 야심만만한 여성이었다. 독실한 신자인 앤은 종교의 기준과 기대치에 따라 자신의 행동을 끊임없이 점검했다. 그녀는 기쁨을 누리고, 세상이 주는 복락을 누리는 것이 신의 뜻이라고 굳게 믿었다.

당신이 반성적이고 자각적인 사람이라면 앤처럼 앉은자리에서 자신의 가치를 술술 써 내려갈 수 있을 것이다. 만약 머릿속에 쉽게 떠오르지 않는다면 다양한 접근법을 빌려 생각해보자.

내 친구이자 동료인 존 블레트너 박사에 따르면 우리는 자기 일과 관련해 스스로 다음 세 가지 질문을 해야 한다.

- 나는 이 일을 잘하는가?
- 나는 이 일이 즐거운가?
- 나는 이 일로 돈을 버는가?

나는 이 질문이 마음에 들어서 내 일과 고객의 삶을 진단할 때 자주 사용했다. 이제 이 질문의 바탕에 있는 가치에 대해서 살펴보자.

- 나는 이 일을 잘하는가? 이 질문은 탁월함, 성취, 영향력, 공헌, 책임감이라는 가치를 반영한다.
- 나는 이 일이 즐거운가? 이 질문은 행복, 자유, 재미, 놀이성이라는 가치를 반영한다.
- 나는 이 일로 돈을 버는가? 이 질문은 경제적 안정, 성취, 책임감, 공정이라는 가치를 반영한다.

또한 내 친구 라나 코마르는 일에 관해 이렇게 자문해야 한다고 말한다.

- 이 일은 내게 명성, 돈, 재미를 가져다줄 것인가?

당신이 이 세 가지 전부를 얻고 있다면 그보다 더 좋을 순 없다! 하지만 이 중에 하나라도 얻지 못한다면 그에 대한 보상이 당신에게 얼마나 의미 있는지 생각해봐야 한다. 예를 들어, 당신이 얻는 것이 높은 보수가 전부이며, 별로 즐겁지 않다면 이 일은 당신과 맞지 않을 수 있다. 세 가지 중 어느 항목에서도 '그렇다'라는 대답을 하지 못한다면 다른 일을 찾아볼 것을 권한다.

　　또한 심리학자 프로이트는 생산적이고 의미 있는 삶은 '사랑'과 '일'이라는 두 가지 가치에 기초한다고 주장했다.

　　혹자는 누군가가 돈을 쓰는 방식이 그 사람이 생각하는 가치를 가장 효과적으로 판단할 수 있는 척도라고 말한다. 음식에 얼마큼 지출하는가? 술에는? 여행에는? 교육에는? 미래를 위해 얼마큼 저축을 하는가? 좋은 일에 얼마큼 기부하는가? 당신의 소비 습관이 말해주는 당신에게 가장 중요한 것은 무엇인가?

　　또 다른 방법은 당신이 달력에 적어놓은 일정들을 보며 자신이 어느 것에 가장 시간을 많이 쓰고 있는지 살펴보는 것이다. 그런데 이 방법은 별다른 도움이 되지 않을 것 같다. 이 책은 일정표가 자신의 가치를 대체로 반영하지 못하는 사람들을 위한 책이기 때문이다. 우리는 우리 자신과 주변 사람들에게 생산적이지도, 의미 있지도, 그렇다고 즐겁지도 않은, 저

가치 활동에 너무나 많은 시간과 에너지를 할애하고 있다. 실제로 당신의 일정표가 당신의 중요한 가치를 반영하고 있다면, 당신은 에너지 분배에 성공한 인생을 살고 있다고 할 수 있다.

가치 식별에 도움을 줄 수 있는 도구는 지금까지 열거한 것 외에도 여러 가지가 있다.

가까운 사람에게 당신이 가진 가치에 대해 질문하는 것도 한 방법이다. 나에 대한 스스로의 관점과 타인의 관점이 다를 수 있기에 전혀 새로운 경험이 될 수 있다. 또한, 당신이 실현 중인 가치와 열망하는 가치를 비교해보는 것도 흥미로울 것이다.

예를 들어보겠다. 한 컨설팅 회사의 파트너인 제임스의 이야기다. 그는 요직에 오르기 위해 치열하게 일했다. 그가 중요하게 생각하는 가치는 신의, 헌신, 지력, 투철한 직업의식이었다. 또한, 젊은 직원들이 직무를 탐색하는 과정에서 멘토 역할을 해주는 것이 리더로서 당연하다고 생각했다. 그는 자신에게 부하직원의 재능을 발견하고 발전시키는 능력이 있다고 믿었고 자신의 스타일을 '엄격하지만 공정하다'라고 묘사했다. 하지만 직원들은 제임스가 권력, 돈, 자신을 빼닮은 사람만을 가치 있게 여긴다고 생각했다. 그들은 제임스의 날카로운 비판과 갑작스러운 불만을 두려워했다. 제임스는 자신이 관대하다고 생각했지만, 다른 사람들은 그를 통제가 심하고 이기적인 사람으로 평가했다.

문제는 이 세상의 '제임스들'이 타인의 실용적인 평가를 거의 받지 못한다는 데 있다. 그들은 자신의 뒤틀린 믿음과 현재 실현하고 있는 가치를 고집한다. 다행히 제임스의 회사는 고위 간부를 대상으로 '360도 다면 평가'를 진행했다. 360도 다면 평가는 기업에서 널리 사용하고 있는 평가 기법이다. 상사, 동료, 부하직원에서부터 고객 등 다양한 사람들이 피드백을 남긴다. 피드백은 인터뷰 또는 설문지 형식으로 수집되며 응답자가 남긴 답변은 철저하게 비공개로 남는다. 평가를 받는 당사자는 자신의 장단점이 포함된 피드백 요약본을 구두나 서면으로 전달받는다.

경영대학원 시절에 360도 다면 평가를 처음 접했을 때, 여태껏 들어본 것 중에 가장 무서운 평가법이라는 생각이 들었다. 하지만 이 평가를 여러 차례 겪어보고, 수백 번도 넘게 남들을 평가하고 결과지를 해석하면서 이 방법이야말로 자기 자신, 다시 말해 자신의 영향력, 행동, 실현 중인 가치에 대해 배울 수 있는 가장 강력한 수단임을 깨달았다. 내 경험에 비추어봤을 때 360도 다면 평가는 리더들이 변화하고 성장할 수 있도록 동기를 부여하는 매우 유용한 도구다.

제임스에게도 같은 일이 일어났다. 그는 다른 사람들이 자신을 '타인의 감정을 상하게 하는 것을 즐기는 폭군'이라고 평가했다는 사실을 알고 큰 충격에 빠졌다. 그는 자신의 리더십 스타일을 반성하고, 상대를 존중하고 사려 깊게 조언하는 법을 배웠다. 1년 뒤, 두 번째 평가가 끝났을 때 제임스는 자신의 리더십과 추구하는 가치의 간극이 한층 좁아졌다는 사실을 알고 겨우 안심할 수 있었다.

어떤 도구를 사용하는지와 무관하게 자신이 가장 중요하게 여기는 게 무엇인지 명확하게 파악한 뒤에 에너지 큐레이션을 시작해야 한다. 정확하고 분명히 파악할수록, 성공적인 인생을 만들기 위한 다음 단계의 발판이 된다. 가치의 목록은 간단하게 만들어라. 가치를 서른다섯 개나 적는다고 해서 선택하는 데 도움이 되지 않는다. 그보다 상위 다섯 개의 가치에 집중해라.

자신에게 물어라.

나는 이 일을 잘하는가?
나는 이 일이 즐거운가?
나는 이 일로 돈을 버는가?

내 안의 엄격한 가치에 맞서라

자신의 가치를 식별하기 위해서는 두 단계를 거쳐야 한다. 그 첫 번째가 우리가 지금까지 탐구한 의식적인 가치 식별이며, 두 번째가 무의식적인 가치 식별이다. 무의식적인 가치는 대부분 어릴 때 형성되어 우리 자신과 우리가 하는 선택을 강력히 지배하는 규칙과 신념을 뜻한다. 무의식적인 가치는 식별하기가 훨씬 더 어렵다. 중요한 순간에 불쑥불쑥 튀어나와 나에게 도움이 되지 않는 선택을 하게 만드는 반복적 패턴을 갖고 있기 때문이다.

무의식적인 가치는 '얄미운 룸메이트'의 목소리로 찾아오기도 한다. 내 머릿속에서 끈질기게 결점과 단점을 확대하고 지적하는 사람이다. 내게 행운은 가당찮으며, 설사 행운이 찾아와도 더 큰 문제라고 말해주는 사람이다. 누구인지 잘 알 것이다. 얄미운 룸메이트는 바로 나 자신이다.

숨어 있는 엄격한 가치를 꺼내기란 쉽지 않은 일이다. 혼자할 수도 있겠지만 더 깊숙이 파묻힌 가치를 꺼내기 위해서는 치료사의 도움을 받는 것이 좋다. '아픈' 사람만 심리치료를 받는 거라고 여기던 시절이 있었지만, 이제는 효율성과 행복감을 높이고자 하는 건강한 사람들도 큰 부담 없이 심리치료사를 찾아온다.

무의식적 가치가 나를 좌절로 이끄는 경우의 예를 들어보려 한다. 한 제약회사의 유능한 연구원이었던 윌리엄 이야기다. 윌리엄은 끊임없이 공부하고 소통하며 자신의 분야에 정통했다. 창의적인 방식으로 데이터를 취합해서 누구도 생각지 못한 발견을 이끌어내는 데 탁월했다. 하지만 그는 프로젝트를 미완성으로 남겨두는 습관 때문에 커리어가 정체되고 말았다. 프로젝트가 완성에 가까워지면 흥미를 잃고 다른 방향으로 내빼기 일쑤였다. 남겨진 프로젝트는 다른 사람이 마무리 지었고, 공적까지 고스란히 빼앗기고 있었다.

윌리엄은 승진이 지체되자 절망감에 빠졌고, 자신의 잠재력을 최대한 발휘하지 못하고 있다는 사실을 알았다. 하지만 스스로 앞길을 막는 이유에 대해서는 전혀 몰랐다. 그의 딜레마에 관해 이야기를 나누던 중 나는 그가 부모님과 여동생을 화재로 잃고 홀로 살아남은 사실을 알게 되었다. 여동생과 둘이서 초로 장난을 치다가 초가 쓰러지면서 대형 화재로 번진 것이다. 그는 오랜 침묵 끝에 이렇게 말했다.

"전 여기에 있을 자격이 없어요. 그때 가족들과 함께 죽었어야 해요."

윌리엄의 유아적 가치 체계에서 화재는 단순한 사고가 아니었다. 그는 자신이 죽음으로 단죄할 수 있는 큰 죄를 저질렀다고 믿고 있었고 성인이 되어서는 연거푸 '경력자살'을 저지르고 있었다. 그는 한때 자신이었던 그 소년을 용서하는 법을 배워야지만 비로소 자신의 잠재력 안에 존재하는 바로 그 사람이 될 수 있었다.

또 다른 접근법을 소개하겠다. 유명한 퍼포먼스 코치 토니 로빈스가 만든 '디킨스 프로세스Dickens Process'라는 프로그램 으로, 찰스 디킨스의 소설 『크리스마스 캐럴』에서 착안한 개념이다. 소설에 등장하는 스크루지는 크리스마스의 세 유령, 과거, 현재, 미래를 만난 뒤 하룻밤 만에 완전히 다른 사람이 된다. 세 가지 환영을 보고 난 뒤 감정적 동요가 일면서 자신과 타인을 완전히 다른 관점으로 바라보고, 더 나은 사람으로 거듭난다.

디킨스 프로세스는 스크루지가 변화된 방법을 따른다. 제일 먼저 나의 '제한신념', 다시 말해 내가 성공과 만족에 이르지 못하게 저지하는 사고방식과 세상을 바라보는 관점을 식별해야 한다. 이 과정은 누구에게나 중요하지만 디킨스 프로세스는 여기서 한 걸음 더 나아간다.

디킨스 프로세스는 제한신념이 짓누르는 무게와 고통을 나 자신과 감정적으로 연결시킨다. 과거로 되돌아가 제한신념으로 인해 나와 내 주변 사람들이 입은 피해를 생생히 느끼는 것이다. 이는 곧 제한신념이 현재 내게 미치는 영향을 직면하는 동시에, 제한신념을 떨쳐내지 못하면 지금으로부터 몇 년 뒤에 내게 어떤 미래가 찾아올지 미리 경험하는 것이다. 이 과정을 보고, 듣고, 느끼는 것이 바로 이 프로젝트의 목적이다.

혼자 생각하는 것으로 변화는 일어나지 않는다. 진지하고 솔직하게 감정을 드러내야 자기 자신을 개선해나가는 힘든 과정을 이겨낼 수 있다. 디킨스 프로세스는 그 노정에서 길잡이가 되어줄 것이다.

단, 주의할 점이 있다. 디킨스 프로세스를 활용하고 싶다면 반드시 경험이 풍부하고 검증이 된 코치와 함께할 것을 권고한다. 이러한 탐구 과정은 매우 강렬한 감정을 불러일으킬 수 있으므로 신뢰하는 안내자가 필요하다. 전문 치료사인 우리 아버지는 이렇게 말씀하셨다.

"네가 쏟아낸 것을 올바른 자리에 다시 가져다놓을 수 있는 사람 앞에서만 쏟아내도록 해라."

유년기에 만들어진 자신의 엄격한 가치를 발견하고 맞서는 일은 해방감을 준다. 내 앞에 놓인 지뢰밭을 능숙하게 지나갈 수 있게 되며, 나의 취약점을 빨리 알아챔으로써 나 자신을 더 안전하게 보호할 수 있게 된다. 나의 이익을 염두에

두지 않은 사람들의 술수를 더 현명하게 감지하게 되며 심한 자책을 멈추고 다른 사람을 대할 때와 마찬가지로 나 자신에게 좀 더 친절해지게 된다. 또한, 내게 진정으로 중요한 활동, 즉 내가 탁월해지고 싶은 활동에 에너지를 집중하게 될 것이다.

인생의 항아리에 모래만 가득하다면

의식적, 무의식적 가치 식별이 모두 끝나면 이제 나의 활동을 식별할 차례다. 의식적 가치를 적은 목록을 만들며 내게 가장 중요한 것이 무엇인지 알 수 있게 되었다. 또한, 무의식적 가치를 인식하는 능력이 향상되어 나를 저지하는 요인이 무엇인지 통찰할 수 있게 되었다. 이제 현재 내가 에너지를 쏟고 있는 활동과 내가 앞으로 에너지를 쏟고 싶은 활동을 나열해볼 것이다.

우리가 하는 대부분의 활동은 크게 다음의 범주에 속해 있다.

- 일
- 가족: 자녀 양육, 노인 부양, 배우자와 시간 보내기, 가족 모임
- 즐거움: 여가 활동, 예술 및 창작 활동, 빈둥거리기, 여행

- 건강관리: 운동

- 자기 돌봄: 명상, 기도, 휴식, 마사지

- 대외 활동: 지역사회 활동 및 종교 활동

- 청소: 집안일, 자동차 관리

- 돈 관리: 재정 관리 및 투자

- 여행: 가족 · 즐거움의 범주에 포함될 수 있다.

- 외모 가꾸기

- 쇼핑

- 배움: 정규 교육 및 비정규 교육

- 식음: 준비, 먹고 마시기, 뒷정리

- 소통: 전화, 메시지, 소셜 미디어

- 기타

나의 가치와 활동을 적으면 우선순위를 정하고 에너지 분배를 시작하는 데 도움이 된다. 예를 들면 이런 식이다.

잰은 아름다움을 최고의 가치로 여겼다. 사물의 외관을 중시했는데 사무실도 예외가 아니었다. 그녀는 필요한 것이 없을 때도 아름다운 물건이 진열된 가게를 돌아다녔다. 사무실에 절묘하게 어울리면서 자신의 눈을 즐겁게 해주는 예술 작품을 구입하면서 큰 만족을 얻었다.

에이미는 반대로 절약과 기능성을 중요하게 생각했다. 화려한 상점에 가면 사람들이 하찮은 물건에 돈을 낭비한다는 생각에 마음이 불편했다. 사무 공간이 실용적이기만 바랄 뿐 외관이 어떤지는 관심 없었다.

제이슨은 가족이라는 가치를 소중하게 생각한다. 결혼한 지 3년 차인 그는 아이를 간절히 원했다. 직업에 불만은 없지만, 일보다 인간관계를 통해 자신의 정체성을 찾았다.

롭은 배우다. 오직 연기에만 열정이 있다. 오디션을 보고 연기하는 와중에도 춤, 노래, 연기 수업을 받느라 애인을 사귀기는커녕 사교 활동을 할 시간도 부족했다.

에이제이는 신으로부터 세상을 더 나은 곳으로 만들라는 명을 받았다고 믿었다. 의미 있는 일을 하며 어려운 사람들에게 변화를 가져온다는 기분을 느껴야 했다. 목적의식을 충족시키기 위해 힘든 여건 속에서 장시간 일하는 것을 마다하지 않았다.

멀리사는 경제적 안정을 원했지만 실은 부자가 되고 싶었다. 어려운 환경에서 성장했고 다시는 그때로 되돌아가고 싶지 않았다. 언젠가는 번 돈을 좋은 일에 쓰겠다고 생각하지만 지금은 재산을 불리는 게 급선무다. 돈만 많이 준다면 힘든 여건 속에서 장시간 일할 수 있다.

위 사례들을 보면 가치가 사람들이 어떻게 에너지를 소모할지 선택하는 기준이 된다는 사실을 알 수 있다. 여기에는 세 가지 시사점이 존재한다.

- 생산성과 행복을 극대화하기 위해서는 먼저 자신이 어떤 가치를 중요하게 여기는지 파악하고 난 뒤 그 가치에 부합하는 활동을 하는 데 에너지를 집중해야 한다. 이것을 잘할수록 더 만족스러운 인생을 살고, 생산성도 덩달아 상승한다.
- 정답은 하나가 아니다. 잰은 에이미보다 더 많은 시간을 쇼핑에 할애하면서 행복해할 것이다. 제이슨은 가족계획을 시작하면 되고, 롭은 아직 그럴 때가 아니다. 에이제이와 멀리사는 둘 다 세상에 큰 공헌을 하고 있는데, 방식만 다를 뿐이다.
- 큐레이션의 과정은 시간이 흐르면서 변화한다. 한 번 하고 끝나는 일이 아니다. 이 문제는 7장에서 보다 자세히 다루겠다.

예상컨대, 지금 당신이 에너지를 배분하는 방식과 당신의 가치관이 완벽하게 일치하지는 않을 것이다. 하찮고 어리석게 느껴지는 일에 시간을 허비하며 정작 중요한 일에는 제대로 시간을 내지 못하고 있을 것이다. 당신의 에너지 큐레이션은 제대로 작동하지 않으며 그 결과 전시회, 즉 당신의 인생이 별 볼 일 없게 느껴질 것이다.

에너지 큐레이션에 성공한 인생을 살기 위해서는 다음 세 가지가 필수다.

1. 안 된다고 말하기. 지금 당장 하지 않을 일을 골라내라. 그런 다음 단계적으로 그 일을 인생에서 제거해라.

2. 중간만 하기. '어떤 일을 완벽히 하지 못할 바에야 아예 안 하는 것이 낫다'는 신념을 가진 사람들이 많다. 헛소리다! 이게 바로 우리가 벗어나야 할 엄격한 가치다. 미안하지만 우리가 하는 일은 대체로 그저 그렇다. 모든 걸 탁월하게 잘하는 사람은 없다. 실로 뛰어난 사람을 살펴보면 보통 한 가지 일만 한다. 자신이 중간 수준으로만 할 일을 찾아서 그 일에 딱 필요한 만큼만 에너지를 쏟아라.

3. 탁월해지기. 보람된 인생에는 내가 열정을 품고, 그것으로 기억되었으면 하고 바라는 것이 있다. 그게 어떤 일인지 찾아서 거기에 최상의 에너지를 쏟아라.

위 과정은 순차적이 아니라 동시에 일어나야 한다. 이 세 가지만 실천하면 최고의 인생을 살 수 있다. 다음 장부터 각 단계를 심도 있게 설명할 것이다.

나는 최근 데이비드 루소 랍비 선생님으로부터 큐레이션의 과정을 쉽게 설명해주는 멋진 이야기를 들었다.

어느 날 선생님이 교실 탁자 위에 유리 항아리를 올려놓았다. 선생님이 항아리에 커다란 돌 두 개를 넣자 더 들어갈 자리가 없었다. 선생님은 학생들에게 항아리가 가득 찼는지 물었고 학생들은 그렇다고 대답했다. 그러자 선생님은 "정말 그럴까요?"라고 반문한 뒤 작은 조약돌 한 무더기를 꺼내서 항아리에 넣기 시작했다. 항아리를 흔들어가며 큰 돌 사이에 조약돌을 가득 채웠다. 선생님은 다시 학생들에게 물었다. "항아리가 가득 찼나요?" 그러자 학생들은 그렇다고 대답했다. 그러자 선생님은 조약돌 사이에 모래를 한 바가지 부었다. 선생님이 같은 질문을 하자 이번에는 학생들의 의견이 둘로 나뉘었다. 누가 봐도 이제 항아리가 가득 찼다고 말하는 학생들과 다른 속임수가 등장하지 않을까 경계하는 학생들이 맞섰다. 선생님이 이번에는 물통을 꺼내 항아리 가장자리까지 물을 가득 붓고 난 뒤 말했다. "항아리가 여러분의 인생이라고 가정해봅시다. 이 실험이 주는 교훈은 무엇일까요? 돌은 여러분의 인생에서 '중요한 일'을 상징합니다. 삶이 끝날 때 여러분이 가치 있게 생각할 것들 말이에요. 조약돌은 인생에서 의미 있는 다른 여러 가지 일을 뜻해요. 모래와 물은 우리의 시간을 채우는 '작은 일들'입니다. 이렇게 한번 생각해봅시다. 내가 만약 항아리에 모래나 조약돌을 먼저 채워 넣었다면 어떻게 됐을까요?"

바로 그게 문제다. 우리 대부분은 항아리에 모래가 너무 많아서 큰 돌이 들어갈 자리가 없다. 이제 어떻게 하면 항아리에서 모래를 퍼낼 수 있을지 알아보자. 큐레이터의 언어로 말하면, 전시회의 주제와 전혀 관계 없는 작품을 없애버리는 방법이라고 할 수 있겠다.

인생에서 무엇이 정말 중요한지
어른다운 결정을 내리기 위해서는
당신이 중요하게 생각하는 가치를
명확하게 정의해야 한다.

2

중요하지 않은
일에서 손을 떼라

나는 일일 계획표를 작성하는 부류에 속한다. 옛날에는 종이에 연필로 썼지만, 이제는 온라인에 '투 두 리스트to do list'를 만들어 해야 할 일을 목록으로 정리한다. 항목마다 마감일이 적혀 있다. 나는 매일 아침 책상에 앉아 그날의 목록을 점검한다. 작업을 하나씩 해치울 때마다 체크 표시를 한다. 일을 마치고 체크 표시를 하는 순간이 정말 좋다. 그 만족감은 이루 말할 수 없다. 하루를 마감하며 끝내지 못한 일들에 새로운 마감일을 지정한다. 나는 아마 죽는 일도 일일 계획표에 적을 것이다. (한 가지 팁, 체크 표시를 할 때의 쾌감을 경계하라. 이 느낌은 잘못된 길로 이끌 소지가 있다. 중대한 일 하나에 집중하는 대신 사소한 일 열 가지를 하게 만들 수 있다.)

할 일은 언제나 넘쳐난다. 그렇다면 에너지를 중요한 일에 쓰려면 어떻게 해야 할까? 간단하다. 중요하지 않은 일을 제거하면 된다.

물론 말처럼 그리 간단하지 않을 수 있다. 쓸모없는 일이라면 이미 계획표에 등장하지 않았을 것이기 때문이다. 나는 당신이 주기적으로 석 달 전 발행된 신문을 읽거나 이웃집 잔디가 얼마나 자랐는지 길이를 재보는 데 시간을 쓸 거라고는 생각하지 않는다.

할 가치가 있거나 좋아하는 일을 제거하는 게 어렵다. 전시를 기획하며 르누아르나 드가 중 누구의 작품을 제외할지 고민하는 가엾은 큐레이터처럼 말이다.

계획표에서 무엇을 제거할지 판단하기 위해서는 다음과 같은 질문이 필요하다.

- 이 일은 내게 중요한가? 1에서 10까지 등급을 매겼을 때 이 일의 중요도는 어느 정도인가?
- 이 일은 내게 소중한 사람, 혹은 내 인생에 영향을 미치는 사람에게 중요한가?
- 내가 이 일을 하지 않으면 어떻게 되는가?
- 이 일을 하면 나는 행복한가? 1에서 10까지 등급을 매겼을 때 행복도는 어느 정도인가?

여기서도 일일 계획표를 활용할 수 있다. 계획표에서 내가 몇 번이고 미룬 일을 찾아라. 미루는 일은 대개 두 가지 경우에 해당된다. 첫째, 중요하지만 정말 하기 싫은 일이다. 대장내시경 검사를 예약하거나 가까운 사람과 불편한 대화를 해야 하는 일 말이다. 이런 경우, 내 엉덩이를 걷어차서라도 최대한 빨리 하도록 해야 한다. 둘째, 해야 한다는 생각이 들지만 크게 중요하지 않은 일이다. 나한테 그런 일은 아마존 유료 서비스의 장점에 대해 알아보는 일이거나 지하실에 있는 문서 보관함을 깨끗이 비우는 일이다. 필요한 일 같긴 한데 사실 그렇게 크게 중요한 일이 아니다. 그래서 계속 미루는 것이다. 이 경우에는 해당 작업을 계획표에서 빼라. 적어도 당장은 하지 않을 테니까. 왜 굳이 자신을 괴롭히는가?

아래 그림과 같은 도표를 만들어보자. 왼쪽 아래 칸을 채우는 일이 가장 먼저 제거해야 하는 일이다.

	나를 행복하게 하지 않는 것	나를 행복하게 하는 것
매우 중요한 것		
별로 중요하지 않은 것	√	

한번은 '아이가 생긴 뒤 그만둔 일'을 적어본 적이 있다.

- 컨퍼런스 참석
- 학술 논문 작성
- 전문 학술지 및 신간 서적 읽기
- 주민위원회 활동
- 연하장 발송
- 재봉틀로 옷 만들기
- 성대한 파티 열기
- 소설 읽기
- 가족들 빨래
- 빵 만들기
- 그 외 여러 가지 일

참고로, 목록에 있는 일 모두 '하면 좋은 일'이다. 대부분 내가 즐기는 일이기도 하다(빨래를 제외하고). 하지만 내게 정말로 중요한 일인 아이들 돌보기, 남편 신경 쓰기, 바쁘게 돌아가는 상담 센터 운영을 위해서는 전부 끊어내야 했다. 목록에 적힌 일 대부분은 추후에 다시 시작했다. 연하장과 재봉틀과는 영원히 작별했지만.

무언가를 끊어낼 때 마주치는 세 가지 문제가 있다. 이 문제들을 반드시 짚고 넘어가야 한다.

첫째, 자신의 목소리다. 머릿속에서 이런 소리가 들릴 것이다.

"내가 뭐라고 _____(빈칸은 직접 채워 넣어라)를 하지 않을 수 있겠어? 다른 사람들은 다 하는데 난 왜 못 하지?"

내 마음속 목소리다. 이 소리를 잠재우는 방법은 잠시 뒤에 알아볼 것이다.

둘째, 타인의 반응이다. 사람들은 섣불리 당신을 판단할 것이다. 그 사람들은 당신에게 별로 중요하지 않은 사람일 수도, 중요한 사람일 수도 있다. 당신이 안 된다고 거절할 때 반기는 사람은 없다. 이 문제를 해결할 방법도 조금 뒤 알아볼 것이다.

셋째, 안 된다고 말하고 나서 내 기분이 안 좋아질 수 있다는 점이다. 한때 내게 중요했던 일이나 내가 소중하게 여긴 꿈과 작별해야 할 수도 있고, 틀어진 관계를 정리하기로 하면서 여러 감정이 쏟아질 수도 있다. 이런 감정을 극복하는 방법에 대해서도 천천히 알아볼 것이다.

남에게 위임하라

에너지를 쏟기에는 아까운 일을 그만둘 방법은 무엇일까? 할 일을 없앨 수 있는 가장 손쉬운 방법 중 하나는 '위임하기'다. 이 일을 나 대신 해줄 사람이 있는가? 돈을 주고 사람을 구할 여유가 있는가? 이 방법은 내가 직접 하지 않으면서도 일을 끝마칠 수 있다는 장점이 있다.

하지만 위임하기는 까다롭다. 일정, 의지, 작업을 완성할 수 있는 숙련도를 고려해 위임할 사람을 찾아야 하기 때문이다. 찾았다고 하더라도 초반에 교육을 해야 한다면 내가 직접 그 일을 하는 것보다 시간이 더 많이 소요될 가능성도 있다. 직원을 기용해 내가 하지 않기로 한 일을 시키거나 집안일 일부를 자녀들에게 위임할 수도 있다. 두 경우 모두 그들이 맡은 일을 완벽하게 책임질 수 있을 때까지 옆에서 가르치고 지켜봐야 한다.

내 동료인 낸시 박사는 최고위 간부들을 대상으로 코칭을 한다. 낸시는 내게 기업 경영진에게는 '수행단'이 필요하다고 말했다. 영화배우를 생각해보면 쉽다. 스태프 군단이 따라다니며 대신 일을 처리하는 덕분에 배우들은 자신의 창조적 작업에 몰두할 수 있다. 스타급 연예인은 이보다 대규모 수행단을 꾸리고 있으며 그 안에는 가사 도우미, 변호사, 회계사, 마사지사, 헤어 스타일리스트, 패션 스타일리스트, 트레이너와 같은 사람들이 소속돼 있다.

기업가들에게 이렇게 크고 체계적인 수행단이 있을 리 만무하다. 그러나 낸시는 탁월해지기 위해서는 경영자들도 수행단을 꾸린 뒤 최고의 성과를 내고, 대중에게 세련된 이미지를 어필하고, 건강과 행복을 유지하는 데 힘써야 한다고 주장했다.

나도 이 의견에 동의한다. 좀 더 나아가서 공인이 아닌 사람들도 수행단의 축소판이 필요하다고 생각한다. 당신의 수행단에는 누가 있는가? 목록을 작성해보아라. 아마 빈칸이 많을 것이다.

돈을 주고 '수행원'을 고용했다고 하더라도 그렇게 해서 생긴 시간으로 얻는 가치에 비하면 돈은 아깝지 않다. 내 시간의 가치가 얼마인지 간단하게라도 환산해보면 확실히 알 수 있다. 급료를 받으며 일하고 있다면 상대적으로 더 쉽다. 돈을 받고 일하지 않더라도 내 시간의 가치를 환산해볼 수 있는 다양한 방법들이 있다. 나는 구글에서 '전업주부의 연간 가치는 얼마인가?'라고 쳐보았다. 그랬더니 이 질문에 다양한 방식으로 답할 수 있는 수많은 웹사이트가 검색되었다. 전미 개인재무상담사협회NAPFA는 육아나 가사에 전념하는 여성 혹은 남성의 노동 가치를 연간 14만 달러로 추산했다. 일주일에 약 90시간을 일한다고 가정하면 노동의 가치는 한 시간에 대략 30달러가 된다. 따라서 이와 비슷하거나 낮은 시급으로 작업 일부를 누군가에게 맡기면 된다는 뜻이다.

남에게 일을 위임할 때 가장 어려운 일 중 하나는 기준을 낮춰야 한다는 점이다. 사람들마다 일하는 방식이 다르고(돈을 받지 않고 일할 경우 특히 더하다), 내가 일하는 방식과 일치하지 않을 때가 많다. 기업 간부들에게 직원들이 어떻게 보고서를 작성하고 파워포인트 프레젠테이션을 준비하는지 물어보면 한숨부터 푹푹 내쉰다. 문법과 맞춤법 실수, 두리뭉실한 내용, 엉성한 그래픽…… 간부들 눈에는 결점이 잘 보이고, 자신이 직접 하면 더 낫다는 걸 안다. 주부들에게 남편들이 어떻게 세척기를 사용하는지 물어보면 같은 반응을 보일 것이다.

내가 컨설턴트를 고용해 일을 위임할 때도 시행착오가 많았다. 처음에 나는 그들이 완성한 보고서를 검토하면서 그것을 새로 쓰다시피 했다. 하지만 에너지 관리에도 실패했고, 그렇다고 보고서를 더 낫게 만들지도 못했다. 동료들의 글쓰기 스타일이 나와 달랐을 뿐, 그들의 스타일에 문제가 있었던게 아니었다. 나는 그때 한발 물러서서 정말로 중요한 문제에 대해서만 이야기해야 한다는 것을 배웠다.

성공적으로 위임하려면, 도움을 주는 사람 주변에서 맴돌며 그들이 하는 일에 사사건건 개입해서는 안 된다. 그럴 경우, 나의 에너지를 비축하지도 못하고, 도와주는 이도 짜증이 나서 관둬버리거나 적어도 최선을 다하지 않을 것이다. 기준을 아예 없애라는 뜻은 아니다. 하지만 명심해라. 그 일은 당신이 이미 상대적으로 중요하지 않다고 결론을 내린 일이다. 그러니 그냥 내버려 두어라.

직장에서 있었던 일이다. 내 고객 중 한 명이었던 크리스토퍼는 글로벌 소비재 기업의 최고마케팅경영자CMO였다. 뛰어난 마케터인 그는 혁신적인 전략을 수립하고 자신의 팀이 최상의 결과물을 만들어내도록 이끌었다. 하지만 디테일에 집착하는 탓에 그를 싫어하는 사람들도 많았다. 다른 사람의 작업물에서 아주 사소한 부분까지 수정했는데, 파워포인트의 이미지 크기를 조정하는 식이었다. 안타깝게도 크리스토퍼를 코칭하는 일은 절반의 성공에서 그쳤다. 뒤로 물러나서 다른 사람들이 제 일을 하게 내버려 두라는 내 조언에 수긍하여 약간의 진전을 보였지만, 여전히 자신이 개입할 필요가 없는 일 여기저기에 끼어들기 일쑤였다. 결과가 어땠을까? 자신의 장점인 큰 그림을 그리는 데 쓸 에너지가 충분히 남아 있지 않았고 팀의 사기도 뚝 떨어졌다.

이번에는 집에서 겪은 일이다. 어느 날 저녁, 나는 식사 준비를 마치고 부엌에서 프라이팬을 박박 닦고 있었다. 나는 프라이팬 닦는 게 정말 싫다. 힘든 데다 냄새나고 미끈거리기까지 한다. 나는 속으로 생각했다.

'난 골든 박사야. 성공한 심리학자. 내 시간을 프라이팬을 닦는 데 쓰고 싶지 않아.'

그래서 남편과 아이들에게 선언했다.

"오늘부로 프라이팬 닦는 건 끝이야. 앞으로는 당신이나 너희들 중 한 사람이 하도록 해."

그날부터 내 인생의 남자들이 기쁜 마음으로 공들여 프라이팬을 닦았다고 말할 수 있다면 더할 나위 없겠지만 그건 거짓말이다. 나는 그저 더러운 프라이팬을 그대로 두었다. 조리대 위에 몇 날 며칠 그대로 있을 때도 있었다. 하지만 얼마 지나지 않아 누군가가 프라이팬을 닦아야 한다는 사실을 눈치채고 설거지를 했다. 나는 지금까지도 가족 구성원 전부가 장기간 집을 비우는 일이 아니면 프라이팬을 닦지 않는다.

그동안 마이크로 매니저(직원에게 사사건건 간섭하며 지나친 관심을 기울이고 통제하는 관리자–옮긴이)가 끼치는 영향을 연구한 심리학자들은 위임하는 능력이 부족하면 건강에 부정적인 영향을 미치고 스트레스가 올라가며 업무 능력에 지장을 초래한다는 연구 결과를 내놓았다.

따라서 직장과 가정에서 일을 위임하는 것은 중요한 기술이라고 할 수 있다.

또 다른 위임하기 방법에 대해 언급하지 않고 넘어갈 수 없다. 사람 대신 기술에 위임할 기회가 점점 늘어나고 있다. 로봇청소기로 방 청소를 하든, 채용 절차를 간소화한 고성능 인재 분석 도구를 도입하든, 기술은 여러 방면에서 당신의 삶을 단순하게 만들 수 있다. 여기에는 두 가지 열쇠가 있다.

첫째, 새로운 일 처리 방식을 받아들여야 한다. 나는 옛날식 전화기가 여전히 좋지만, 스마트폰이 훨씬 유용하고 효율적인 도구라는 사실을 부정할 순 없다. 기술은 급격하게 변하기에 항상 최신식이 되기는 힘들다. 기기 하나가 겨우 손에 익었는데 단종이 되는 바람에 새 버전을 공부해야 할 때도 있다. 하지만 그 정도 수고는 나만 특별하게 할 수 있는 일에 에너지를 사용할 수 있다는 이점에 비하면 아무것도 아니다.

둘째, 내가 기술을 활용해야 한다. 그 반대가 되어서는 안 된다. 많은 이들이 기술에 오히려 압도당한다. '포모FOMO(놓치거나 제외되는 것에 대한 두려움-옮긴이)'에 시달려 17초마다 소셜 미디어를 확인하는 따위의 행동은 기술이 나를 지배한다는 의미다. 이것은 위임하기가 아니다. 노예가 되는 것이다!

여건이 되다면, 위임하기는 좋은 솔루션이다. 하지만 아무리 애를 써도 일을 대신해줄 사람이 없을 때도 있다. 나마저도 안 된다고 하면, 일은 완성될 수 없다. 그럴 때는 스스로 물어봐야 한다.

'좋아, 나나 다른 사람이 이 일을 못 한다고 쳐. 그럼 어떻게 되는 거지?'

어떤 일에 안 된다고 말함으로써 중대한 결과가 초래된다면 반드시 결정을 재고해야 한다. 하지만 상대적으로 가치가 낮은 일은 관둔다고 해도 큰일이 벌어지지 않는다. 내가 아이를 가지면서 완전히 그만뒀다고 한 두 가지 일을 기억하는가? 재봉틀로 옷 만들기와 연하장 보내기다. 그 뒤 어떤 일이 일어났을까? 옷을 사는 데 지출이 조금 더 늘어나고, 별로 친하지 않은 사람들과 소통하는 횟수가 줄어들었을 뿐이다. 둘 다 심각한 결과를 초래하지 않았다. 그 일을 하지 않음으로써 아낀 에너지는 내가 훨씬 더 중요하게 여기는 일에 쓰였다. 아이들과 시간 보내기, 내 전공 분야의 최신 동향을 공부하는 일 말이다.

때로는 더러운 프라이팬을
그대로 두어야 할 때도 있다.

거절 잘하는 방법

자, 그렇다면 해야 한다고 생각한 일을 제외하거나 거절할 때 드는 죄책감을 어떻게 극복할 수 있을까? 내가 부족하다고 질책하는 마음속 목소리에서 어떻게 벗어날 수 있을까? 이럴 때는 말대꾸하는 법을 배우자. 그 목소리는 엄격한 규칙을 단순한 방식으로 내재화하던 나의 어린 시절에서 출발한다는 사실을 명심해라. 따라서 성숙한 자아가 되어 대답해보자. 아래의 내용을 꾸준히 연습하다 보면, 내 안의 밉살스러운 목소리를 잠재울 수 있다.

- 자신에게 하는 말을 다른 사람에게도 똑같이 할 수 있는가? 가령 내 친구가 지금 내가 하는 선택을 한다면, 잘못된 선택이라고 질책할 것인가?
- 모든 것을 하려고 하면 어느 것도 제대로 할 수 없다. 그럴 때는 선택을 해야 한다.
- 투자수익률은 어떤가? 이 일을 하는 데 얼마큼의 에너지와 비용이 들며 얼마큼의 이익을 창출할 수 있나?
- 내 결점을 웃어넘기자. 엄숙하고 심각할 이유가 전혀 없다.

중요하지 않은 사람들 상대하기

자, 내 마음속 목소리를 잠재워도 문제가 남아 있다. 현실 세계로 나가면, 안 된다고 한 내 결정에 동의하지 않는 사람들이 있을 것이다. 그들은 반드시 어떤 식으로 행동해야 한다는 자신들의 가치관을 근거로 내 선택에 반대하거나, 자신들이 원하는 대로 되지 않는 데 불만을 품고 내게 감정적인 상처를 입힐 수도 있다. 어쩌면 둘 다 할지도 모른다.

이때는 자신에 대해 되돌아보는 시간이 필요하다. '이 사람의 의견이 나에게 얼마나 중요한가?'를 스스로 물어보아라. 오래전 이야기다. 버스에서 한 승객이 내게 대단히 무례하게 군 적이 있다. 나는 그 사람을 더 흥분시키고 싶지 않았기에 조용히 달래듯 진정시켰다. 그 사람이 버스에서 내리자 나는 어려운 상황을 현명하게 해결한 것이 뿌듯했다. 그때 갑자기 버스에 있던 다른 승객이 나를 힐난하기 시작했다. 왜 자기 자신을 방어하지 않았느냐고, 왜 그 사람이 멋대로 굴게 내버려 두었냐고 말이다.

나는 그저 '재수 옴 붙은 날이군'이라고 생각하며 넘겨버렸다. 나를 힐난했던 남자는 내가 모르는 사람이고, 그 사람이 나에 대해 어떻게 생각을 하든 말든 일말의 관심도 없었다. 돌이켜봐도 그 남자가 내게 처신하는 방법을 가르쳐줘야겠다고 생각했다는 게 우습다. 나는 내 선택에 죄책감을 느끼지도, 부적절한 처신을 했다고 생각하지도 않았다. 그렇게 버스에서의 일은 해프닝으로 끝났다. 내 인생에 아무 상관도 없는 사람이 하는 말들에 영향받지 않으면 사는 게 조금 편해진다.

사람들의 말을 그냥 넘겨버리는 게 쉽지만은 않다. 아무리 상관없는 사람이라도 나를 비난하면 상처가 된다. 우리는 언제나 모든 사람을 기쁘게 해주고 싶어 하며, 모두가 나를 좋아하고 내가 멋지다고 생각해주길 바란다. 그런데 모든 사람의 의견이 너무도 중요해지면 우리는 극도로 취약해지고 만다.

비난(때때로 '피드백'이라고 불리는 것)의 속성은 이렇다. 비난이란 당하는 사람보다 하는 사람에 대해 더 많은 것을 알려준다. 때로는 그 사람의 일진이 좋지 않거나 내가 실수로 그 사람의 심기를 건드렸는지도 모를 일이다. 아니면 그 사람은 자기가 무슨 소리를 하는지 모르는 채 지껄일 수도 있다. 이유야 어쨌건 그 사람들이 관여할 문제가 아니다.

만약 당신이 모든 사람을 기쁘게 해주지 않고는 못 배기는 사람이라면, 그런 성향이 어디서부터 시작됐는지 떠올려보라. 대부분은 유년기에 체득한 엄격한 규칙 중 하나일 것이다. 그러나 모든 사람을 기쁘게 해주는 것은 불가능한 일이며 불행해지는 지름길이다. 그러니 유년기를 벗어나 성숙한 자아로 돌아가 합리적인 관점에서 생각해보자. 조금만 생각해도 절대 실현될 수 없는 일을 바라고 있음을 자각하게 될 것이다. 모두를 만족시키는 방법은 없다.

중요한 사람들 상대하기

가장 어려운 것은 배우자, 부모님, 상사처럼 내게 정말 중요한 사람에게 안 된다고 말해야 할 때다. 당신은 그들의 의견을 중요하게 생각하고, 그들의 반응에 따라 마음을 바꿀 수도 있다. 하지만 자신의 결정이 옳다는 확신이 들면 그때는 소신을 굽혀서는 안 된다. 중요한 사람들을 실망시키는 것이 두렵다면 '적극성 훈련Assertive training'만 한 것이 없다. 이 훈련에 따르면 사람들은 타인에게 반응할 때 다음 세 가지 방식 중 하나를 택한다.

- 수동적 반응: 다른 사람이 원하는 것을 무조건 따른다. 소위 말하는 호구다.
- 공격적 반응: 사람들과 싸우고, 무례하게 굴며 위협한다. 아무도 당신에게 이래라저래라 하지 못한다.
- 적극적 반응: 남을 공격하지 않으면서 소신을 지키고 자신을 방어한다.

내 인생에 아무 상관도 없는
사람이 하는 말들에
영향받지 않으면
사는 게 조금 편해진다

이 중에서 어떤 반응을 권고했을까? 사실 특정 상황마다 각 반응이 최선이 될 수 있다. 홀로 밤길을 걸어가다 누가 당신에게 지갑을 당장 내놓지 않으면 총으로 쏘겠다고 한다면, 경찰은 강도가 시키는 대로 하라고 권고할 것이다. 직장에서 동료가 부적절한 성적 언급을 한다면 공격적 반응으로 상대의 행동에 제동을 걸고, 괴롭힘 당하는 걸 막을 수 있다. 하지만 대부분의 상황에서, 특히 상대방과 긍정적이고 오래가는 관계를 유지하고 싶다면, 적극적 반응이 가장 좋은 선택이다.

비록 적극성 훈련이 오래전에 한물가긴 했지만, 핵심 개념은 여전히 유효하다. 내가 안 된다고 했을 때 딴지를 걸거나 비난하는 사람들에게 시도할 수 있는 고전적인 적극적 반응 두 가지를 소개한다.

첫 번째는 내 의견을 바꾸지 않으면서 상대방과 합의 지점을 찾는 방법이다. 아래 예시를 참고해보자.

동료: 이렇게 바쁜 시기에 휴가를 가다니 정말 너무하는 거 아니야? 네 일을 고스란히 우리가 떠안게 생겼잖아.

나: 맞아, 지금은 정신없이 바쁠 때지. 가기 전에 최대한 많이 해놓을게.

동료: 휴가 계획을 세우기 전에 미리 이런 상황을 예상했어야지.

나: 맞아, 이렇게 바쁜지 알았으면 다른 계획을 세웠을 거야.

동료: 어쩌겠어. 이제 와서 바꿀 수도 없고.

두 번째 방법은 침착하게 내 관점을 반복해서 말하는 게 핵심이다.

나: 올해는 가족 별장에 안 가기로 했어. 나랑 애들은 뉴욕에 갈 거야.

언니: 안 간다니, 그게 무슨 소리야? 매년 챙기는 우리 가족 전통이잖아!

나: 근데 올해는 안 갈 거야. 우린 뉴욕 여행이 하고 싶거든.

언니: 네가 빠지면 섭섭한데, 다시 생각할 수 없어?

나: 우리도 언니가 보고 싶을 거야. 근데 올해는 뉴욕에 갈 거야.

어렵거나 불편한 대화를 앞두고 있을 때 미리 연습해보면 도움이 된다. 효과적인 연습을 위한 몇 가지 단계가 있다. 동료 톰이 당신에게 리더십 워크숍 프로젝트를 함께 기획하자는 요청을 했다고 가정해보자. 당신은 이미 너무 많은 일을 하고 있고, 그 프로젝트에 필요한 만큼의 에너지를 쏟을 수 없다는 사실을 잘 안다. 톰은 좋은 사람이고, 프로젝트가 흥미로워 보이기도 하지만 지금 스케줄로는 무리다. 이 상황을 톰에게 어떻게 설명할 수 있을까?

제일 먼저 당신의 목표를 생각해라. 톰과 대화가 끝났을 때 내가 만족스럽게 느끼는 점들은 무엇이 있을까? 예를 들면 이렇다.

- 톰과 대화가 끝난 뒤, 톰은 내가 워크숍 프로젝트를 함께 진행하지 않을 것을 알고, 내게 재차 요청하지 않는다.
- 톰과 서로 존중하는 관계를 계속 이어나간다.
- 톰은 향후 다른 프로젝트에서 나를 배제하지 않는다.

그다음으로 상대방을 생각해라. 상대방 입장에서 내가 어떤 식으로 말해야 메시지가 명확하게 전달될까? 직접적인 표현이 중요하다. "글쎄, 한번 생각해볼게"와 같이 모호하게 말한 뒤 다시는 그 문제에 대해 언급하지 않는 행동은 삼가야 한다. 상대를 실망시켰다는 사실을 인지하고 있다는 유감의 표현은 도움이 된다. 또한 제안에 대한 감사 표현은 앞으로의 가능성에 대한 여지를 남긴다.

마지막으로 과도하게 변명하거나 사과하지 마라. 여성들이 곧잘 이런 실수를 저지르는데, 이런 말버릇은 상대에게 이용당할 빌미를 쉽게 제공한다.

"톰, 정말 정말 미안해. 사실 내가 곤란하고 부끄러운 시술이 예정돼 있고, 도박 빚이 눈덩이처럼 불어나서 투잡을 뛰어야 하는 데다, 마약 혐의로 구속된 아들을 보러 여기서 250킬로미터 떨어진 구치소에 가야 해. 그런데 널 실망시키기 싫으니까, 조금만 도와줄게."

좀 비꼬긴 했지만, 이런 식의 변명을 늘어놓는 사람들이 있다고 한다. 이렇게 말하면 죄책감이 조금 덜어지겠지만 내가 초라해지고, 상대방이 불편해질 것이다.

자신이 납득할 만한 대본이 나올 때까지 마음속에서 몇 번이고 원고를 수정해보자.

버전 1: 됐어, 톰. 워크숍에는 관심 없으니까 포기하고 다신 물어보지 마. (혹시 눈치채지 못했을까 봐 하는 말이지만, 너무 공격적이다.)

버전 2: 아, 톰. 진짜 도와주고 싶은데 잘 모르겠어. 지금 하고 있는 일이 너무 많아서. (너무 모호하다.)

버전 3: 아…… 아직 생각해볼 시간이 없었어. 나중에 말해줄게. (너무 수동공격적이다.)

버전 4: 톰, 미안한데 워크숍 프로젝트는 할 수 없어. 좋은 프로젝트 같은데 지금은 그럴 여력이 없거든. 나중에 다른 일을 함께할 기회가 오면 좋겠다. (나쁘지 않다. 직접적이며, 유감과 고마움을 표현했다.)

무엇보다 자신만의 단호하고 분명하고 확실한 목소리를

찾아야 한다. 편하게 메시지를 전달할 수 있을 때까지 계속 연습해라. 또한 톰의 예상 답변과 그에 대해 내가 어떻게 대처할 것인지도 생각해야 한다.

시나리오 1

톰: 아 이런, 그럼 곤란한데. 너만 믿고 있었단 말이야. 부탁해, 찾아보면 도와줄 수 있는 방법이 분명 있을 거야.

나: 미안해. 그런데 정말 못 해. 도와줄 사람을 찾을 수 있길 바랄게. (공감하되 선을 긋는다.)

시나리오 2

톰: 무슨 말인지 알겠어. 늘 이런 식이야. 다른 사람들은 '너무 바쁘니까' 다 내가 해야지, 뭐. (죄책감을 갖게 하려는 의도.)

나: 그러게, 너도 참 힘들겠다. (공감하되 죄책감을 갖지 않는다.)

시나리오 3

톰: 뭐가 그렇게 바쁘길래 못 도와준다는 거야? (호사가 등장. 덫에 걸리지 않게 주의해라.)

나: 지금은 도저히 그럴 여력이 없어. 다른 일을 같이할 기회가 또 있으면 좋겠어. (자세한 설명은 생략한다.)

시나리오 4

톰: 알았으니 됐어. 어차피 도움도 안 될 거. (공격적이고, 비난하는 태도.)

나: 프로젝트 성공하길 바랄게. (말려들지 않으면서 대화를 종료한다.)

시나리오 5

톰: 정말 섭섭한데? 너랑 꼭 같이 하고 싶었는데. (휴, 내가 듣고 싶었던 말이다.)

나: 나도 그래. 앞으로 또 이런 기회가 있으면 좋겠다. (임무 완수, 야호!)

내 에너지를 빼앗아가는 사람을 대하는 법

'안 돼'라고 말해야 할 때가 가장 어려운 상황은 언제일까? 바로 '에너지를 빼앗기는' 관계에서 거리를 두거나 벗어나야 하는 상황이다. 이렇게 균형이 무너진 관계에서는 관계를 통해 얻는 에너지보다 소모되는 에너지가 훨씬 더 많다.

그렇다고 해서 항상 사람들과 계산적인 관계를 유지해야 한다는 말이 아니다. 당신이 남을 배려하고 걱정하는 사람이라면 에너지를 뺏기는 관계 안에 있을 가능성이 크다는 의미다. 예를 들어, 어른과 아기, 혹은 어른과 어린아이는 언제나 그런 관계다. 이와 유사하게 아픈 친구나 가족을 돌보는 일에도 에너지를 빼앗긴다. 우리는 자신이 사랑하는 사람이기 때문에, 혹은 도움이 필요한 사람을 도와줘야 한다는 의무감 때문에 이런 선택을 한다. 그것은 물론 선하고 바른 선택일 것이다!

하지만 내 의지와 무관하게 에너지를 뺏기는 관계에 놓일 수도 있다. 가족 중에서도 영악하고, 손이 많이 가고, 끊임없이 요구하거나 분노에 차 있고, 권위적이고, 비하를 서슴지 않는 사람이 있을 수 있다. 내 가족을 내가 선택할 수는 없으니까.

직장에서도 큰 문젯거리다. 직장에서 힘들어하는 사람들

을 코칭하다 보면 에너지를 빼앗는 동료와 일하는 경우가 많았다. 그런데 오히려 동료가 우울해 보이고 불쌍하다며 자신이 챙겨줘야 한다고 느끼고 있었다. 어떤 동료는 수동공격적인 경향이 있어서, 다른 동료의 일을 티나지 않는 방식으로 방해하고 괴롭혔다. 마이크로 매니징을 일삼는 까다로운 상사도 당신의 에너지를 빼앗는 사람이다. 어느 직장에나 이런 사람들이 있다. 뱀파이어처럼 남의 에너지를 가져가버리는 사람들 말이다.

에너지 뱀파이어들에게 어떻게 안 된다고 말할 수 있을까? 아니면 어떻게 하면 그 사람들에게서 받는 충격을 조금이라도 줄일 수 있을까?

관계를 아예 끊어버려야 할 수도 있다. 전근을 신청하거나 퇴사하거나 이혼을 하는 식으로 말이다. 하지만 대부분 그건 불가능하고 바람직하지도 않다. 한 가지 방법은 그 사람과의 접촉을 제한하는 것이다.

피비가 대학생이었을 때 같은 과의 친구 앤절라는 우울증을 앓고 있었다. 앤절라는 곧잘 아무 말 없이 피비의 방문 앞에 서 있었다. 피비는 과제를 해야 한다는 압박감에 시달리면서도 앤절라를 보면 방으로 초대하지 않을 수 없었고, 결국 앤절라의 온갖 고민을 주제로 길고 긴 대화를 이어나갔다. 나

중에 피비는 멀리서 걸어오는 앤절라가 보이면 몸을 숙여 숨기까지 했다. 하지만 다른 동기들도 다 그러고 있었고, 그렇게 앤절라는 점점 더 불행해져갔다. 그래서 피비는 어느 날 이런 말을 꺼냈다.

"보다시피 지금은 바빠서 이야기할 겨를이 없어. 그러지 말고 이번 주 목요일부터 매주 한 번씩 나가서 점심 먹을래?"

앤절라는 놀란 것 같았지만 동의했고 그 뒤 두 사람은 정기적으로 함께 점심을 먹었다. 두 가지 일이 벌어졌다. 첫째, 앤절라가 더는 문간에 서서 피비를 기다리지 않았다. 둘째, 피비의 예상과 달리 점심 약속은 꽤 즐거웠다.

나는 이 솔루션이 상대와 나, 둘 다에게 친절한 방법이라서 마음에 든다.

에너지를 빼앗는 상대에게서 받는 충격을 줄일 수 있는 또 다른 방법은 그 사람을 내 머릿속에서 차단하는 것이다. 에너지를 빼앗는 사람들은 내 머릿속에서 나의 잘못된 점을 낱낱이 지적하는 나 자신의 목소리에 힘을 실어준다. 따라서 안 된다고 말하기 위해서는 그 목소리를 차단해야 한다.

컨설팅팀 소속인 앤드루는 팀 리더인 마시에게 미움을 받고 있었다. 앤드루는 이유도 모른 채 마시로부터 매번 부정적인 피드백을 받았다. 심지어 마시는 시간 낭비가 될 게 뻔

한 프로젝트를 앤드루에게 맡기기도 했다. 앤드루는 관계 개선을 위한 노력을 수차례 시도했지만 한 번도 성공하지 못했다. 마시는 항상 표면적으로는 친절하게 대했지만, 간접적으로 드러나는 메시지와 기운은 매우 적대적이었다. 앤드루는 점점 자책하기 시작했고 마시가 자신을 좋아하고 존중하게 만들기 위해 애쓰다가 허둥댔다. 마침내 그는 해결책이 자신의 머릿속에 있다는 것을 깨달았다. '난 남은 생을 앤드루로 살겠지만, 팀장은 평생 마시로 살겠지'라고 생각하자 자신을 지배하고 있던 마시의 힘이 점점 약해졌다. 그는 마시와 함께 일하는 상황을 바꿀 수는 없었지만, 에너지는 다른 곳에 집중했다. 목소리 차단하기 방법이 성공적으로 정착했을 때, 앤드루는 마시에게 당당하게 대응할 수 있었다.

안 된다고 말하면 무슨 일이 생길까

에너지를 잘 분배하기 위해 '안 돼'라는 거절은 필수다. 그러나 '안 돼'라고 말하는 것은 나 자신과 더불어 남과도 타협해야 하는 대단히 복잡한 일이다.

프롤로그에서 언급했지만 경영대학원에 다닐 당시에 나는 풀타임 심리치료사로 일하면서 가족들도 챙겼다. 나는 남편과 아직 집에 남아 있던 막내아들을 앉혀놓고 이 문제를 어떻게 함께 헤쳐나갈 수 있을지 의논했다. 남편이 다른 여러 가지 집안일을 포함해 앞으로 2년 동안 식사 준비를 도맡아 해주기로 했고, 정말로 그 약속을 지켰다. 남편은 우리의 첫 전자레인지를 구입했고, 어떻게든 가족의 끼니를 챙겨주며 행복하게 해주었다.

하지만 안 된다고 거절함으로써 고통스러운 결과가 초래되기도 한다. 경영대학원을 다니는 동안 내 인생에서 제외한 또 한 가지의 일은 친구들과의 관계였다. 나는 친구들에게 미안해하면서 앞으로 2년간 시간을 내기가 거의 힘들고, 다시 시간이 나면 예전처럼 지내자고 말했다. 대부분은 이해하고 지지해주었지만, 한 친구를 잃었다. 그 친구는 매우 서운해하며 내가 우리의 관계를 무심하게 끊어낸다고 생각했다. 졸업 후 다시 그 친구에게 연락을 취했지만 아무런 답이 없었다. 나는 실망했지만, 당시의 결정은 반드시 필요했기에 후회는 없었다. 친구를 잃은 것은 내게 가장 중요한 일에 몰두하기 위한 대가였다.

안 된다는 말을 한다고 해서 자신이 이기적인 냉혈한이 되는 것은 아니다. 물론 내 일을 제쳐두고 남을 배려하는 이타적인 사람이 아닌 것도 사실이다. 그런데 꼭 둘 중에 하나가 될 필요는 없다.

　나는 그저 내게 가장 중요한 일에 집중하면서도 다른 사람의 감정에 공감하고 그들의 요구에 응답해주는 사람이다. 그 유명한 '황금률'에도 나오지 않는가. '네 이웃을 네 몸처럼 사랑하라'고. '네 이웃을 사랑하되 너 자신은 사랑하지 말라'고 하지 않았다. 사실 황금률의 진정한 의미는 '너 자신을 사랑할 수 있어야만 네 이웃을 사랑할 수 있다'가 아닐까?

　안 된다고 말하면 실망하는 일이 생기기도 한다. 거절한 프로젝트가 실은 매우 하고 싶을 수도 있다. 때로는 무섭기도 하다. 안 된다고 거절하면서 한편으로는 대인관계를 망칠까 봐 걱정한다. 슬픈 일이 생기기도 한다. 관계가 정말로 나빠지기도 하고, 중요하다고 확신한 일이 알고 보니 하찮은 일이었을 수 있기 때문이다. 내가 에너지를 많이 쏟아부은 일일수록 안 된다고 말하기가 힘들다. 그런 결정을 하는 데는 정말 큰 용기가 필요하다.

　'안 돼'라는 거절은 '안녕'이라는 작별인사일 때가 많다. 안도감과 해방감을 느끼는 만큼 힘 빠지는 일일 수도 있다. 상담 센터 일을 접고 컨설턴트가 되기로 했을 때 사람들과 작별인사를 하는 데만 석 달 가까이 걸린 것 같다. 아예 다른 도시로 이사를 가야 했기에 상담받으러 온 고객들뿐만 아니라 친구들과도 모두 작별해야 했다. 얼마나 많은 대화와 모임, 행사에서 작별을 고했는지 모른다. 그곳에서의 삶을 뒤로하고 새집으로 출발하는 차에 오르던 순간을 잊지 못한다. 제일 먼저 든 생각은 '이제 작별인사를 하지 않아도 된다니 정말 다행이군'이었다.

정리하자면, 안 된다고 말함으로써 온갖 불쾌한 감정이 야기될 수 있다는 말이다. 대표적인 감정으로 죄책감, 상실감, 실망, 슬픔이 있다. 따라서 상냥하면서도 단호하게 안 된다고 말할 수 있는 소통 기술을 터득하는 일 외에도 자신의 감정을 알아차리고 관리하는 법을 익혀야 한다. 쉽지 않은 기술이다. 그렇기 때문에 수많은 사람이 인생에서 상대적으로 중요하지도, 흥미롭지도 않은 활동을 거절하는 데 어려움을 겪는 것이다.

여기서 한 가지 주의할 점이 있다. 안 된다고 해선 안 될 일이 있다. 예로 들자면 아래와 같다. 이 활동들은 행복하고 생산적인 삶을 사는 데 필수적이다.

- 위생 관리
- 건강식 섭취 및 그 외 건강관리

- 좋은 사람들과 시간 보내기
- 좋아하는 활동
- 의미 있는 일

'일을 끝내고 싶으면 바쁜 사람에게 맡겨라'라는 속담이 있다. 일리가 있는 말이다. 바쁜 사람이 보통 능숙하고 계획도 잘 짠다. 그런데 모든 사람이 일을 처리해줄 '바쁜 사람'이 당신이라고 생각한다면? 당신에게는 때에 따라 안 된다고 말할 수 있는 능력이 필요하다.

거절은 나 자신의 힘과도 연관이 있다. 스스로 가치를 매기고 그 가치를 타인에게 보여주는 방법이며, 다른 사람으로부터 이용당하지 않게 막아주는 방법이기도 하다. "안 돼"라고 말하지 못하는 사람은 절대 자신의 잠재력을 충분히 발휘할 수 없다.

그리고 명심해라. '안 돼'의 진짜 의미는 '지금은 안 돼'라는 것임을. 앞으로 절대 하지 않을 일도 분명 존재하지만 상당수는 살면서 바뀐다.

금융기관의 고위 간부였던 고객이 내게 이런 문장을 알려주었다. "오직 당신만 할 수 있는 일만 해라." 내 경험에 비추어 봤을 때 그 말은 너무 이상적이다. 누구나 때때로 쓰레기통을 비우거나, 회의록을 적는 등 누구나 쉽게 할 수 있는 일을 해야 한다. 하지만 일리 있는 말이기도 하다. 당신은 당신이 유일하게 할 수 있는 일에 집중하고 있는가? 아니면 남이 해도 괜찮은, 아니면 남이 더 잘할 수 있는 일에 에너지를 낭비하고 있는가?

오직 당신만 할 수 있는 일만 해라.

당신이 유일하게 할 수 있는 일에
집중하고 있는가?
아니면 누구나 할 수 있는 일에
에너지를 낭비하고 있는가?
오직 당신만 할 수 있는 일을 해라.

3

완벽주의를 버리면
달라지는 것들

사람들은 자신이 정말로 잘하고 싶은 일은 쉽게 찾는다. 안 하려는 일을 선택하는 것이 어려울 뿐이다. 하지만 그보다 더 어려운 일이 있다. 바로 어떤 일을 평범한 수준으로 하기로 정하는 것이다.

그게 왜 그렇게 힘들까? 우리가 어린 시절에 얻은 교훈이 그 시작이다. 자녀들에게

"얘야, _____(빈칸은 직접 채워 넣어라)할 때는 보통 수준으로만 해도 된단다"라고 말하는 부모는 없다. 우리는 아이들이 높은 기준을 설정하고 최선을 다하기를 바란다. 그래서 아이들에게는 "언제나 최선을 다해라" 혹은 "제대로 할 거 아니면 시작도 마라"와 비슷한 말을 한다.

존은 훌륭한 아버지를 두었다. 부자는 사이가 돈독했고 아버지는 아들에게 영감의 원천이자 롤모델이었다. 존이 학교에서 시험을 치고 돌아오면 아버지는 으레 잘 보았는지를 물었고, 공부를 잘했던 존은 "100점 만점에 97점 받았어요"라고 말하곤 했다. 그러면 아버지는 항상 이렇게 되물었다.

"3점은 어디 가고?"

농담으로 한 소리였다. 존도 아버지가 자신과 자신의 학업 성과를 자랑스러워한다는 사실을 알고 있었다. 하지만 세월이 지나 학창 시절을 돌아보며 존은 아버지의 말에 엄청난 힘이 있었다는 사실을 깨달았다. 존은 모든 과목에서 A를 받아야 한다는 압박감을 받으며 살았다. 심지어 체육이나 목공 수업에서까지. 자신이 그 과목에 흥미가 있는지, 자신에게 중요한 과목인지는 상관없었다. 무조건 올 A를 받아야 했다.

물론 그렇게 하면 좋은 점도 있다. 나는 학업적 성취는 매우 중요하다고 생각한다. 나는 나 자신뿐만 아니라 타인의 성취 수준을 가늠할 때도 학교 성적을 본다. 학생이라면 누구나 공부를 진지하게 받아들이고 최선을 다해야 한다는 생각을 하고 있다.

하지만 존의 아버지가 한 말에는 두 가지 문제점이 있다. 첫째, 완벽함을 요구했다. 알다시피 완벽함은 규정하기 힘들다. 농담조로 한 말이었지만 뼈가 있는 농담이었다. 존은 아버지가 자신을 믿는 것을 안다. 하지만 자신이 완벽해지길 바란다는 사실 역시 안다. 이것이 두 번째 문제점이다. 존의 아버지는 '성적'이 완벽하길 바란다고 하지 않았다. 하지만 어린아이였던 존은 그 말을 일반화했다. 아버지가 모든 것에 완벽해지길 바란다고 여긴 것이다.

이것은 실패의 지름길이다. 레오나르도 다빈치도 모든 것에 완벽하지 않았다. 그런 마음가짐으로는 평생 자신이 부족하다는 생각을 떨치지 못한다. 소중한 에너지를 별로 중요하지 않은 일을 완벽히 하는 데 낭비한다.

게다가 직장에서 완벽함을 추구한다고 해서 더 나은 결과가 나오지 않는다는 사실을 우리는 이미 경험을 통해 잘 알고 있다. 오히려 완벽주의는 스트레스, 비효율, 피로, 냉소주의와 직결된다. 슬픈 사실은 우리가 어렸을 때 들은 말이 우리의 앞길을 막는 유일한 방해 요소가 아니라는 것이다. 완벽주의라는 독은 지금도 존재한다. '좋은 것은 위대한 것의 적The good is the enemy of the great'이라는 말을 들어보았을 것이다. 다 알겠지만 차선에 만족하지 말라는 뜻이다. 하지만 이 말은 완전히 틀렸다.

좋은 것은 위대한 것의 '적'이 아니라 '친구'다.

인생의 일정 부분을 위대한 것이 아닌 좋은 것 정도에 만족하면, 에너지와 창조력, 결단력을 축적해서 정말 중요한 일을 탁월하게 해내는 데 사용할 수 있다.

에너지 투자 대비 이익을 따져라

모든 것을 잘해야 한다는 그릇된 사고를 하는 주위 사람들을 바꿀 수는 없다. 마찬가지로 인생에서 매우 중요하고 영향력 있는 사람에게서 받은 어린 시절의 교훈은 되돌릴 수도 없다. 내가 바꿀 수 있는 것은 나 자신뿐이다. 바로 지금, 이 자리에서 말이다. 이제 당신은 의식적이고 신중하게 자신이 어떤 일을 평범하게 할지 선택해야 한다.

어떻게 하느냐고? 그 과정은 앞 장에서 언급한 안 된다고 말하는 순서와 흡사하다. 먼저 그때 했던 질문을 다시 한번 살펴보자. (기존 질문에서 살짝 수정하고 새로운 내용을 추가했다.)

- 이 일은 내게 중요한가? 1에서 10까지 등급을 매겼을 때 이 일의 중요도는 어느 정도인가?
- 이 일은 내게 소중한 사람 혹은 내 인생에 영향을 미치는 사람에게 중요한가?
- 내가 이 일을 보통 수준으로만 하면 어떻게 되는가?
- 이 일을 하면 나는 행복한가? 1에서 10까지 등급을 매겼을 때

행복도는 어느 정도인가?

- 이 일을 할 때 누구의 기준이 중요한가? 나의 기준인가, 다른 사람의 기준인가?

평범하게 하기로 선택할 때도 투자수익률을 따져봐야 한다. 완벽한 수준으로 끌어올리기 위해 얼마만큼의 비용을 감수해야 하며, 그 과정에서 어떤 편익이 발생하는가? 작업 수준을 95퍼센트의 완벽함에서 100퍼센트의 완벽함으로 만들기 위해 지나치게 공들이는 상황을 다들 잘 알 것이다. 가령 신경외과 의사가 사람의 생명을 살리는 일을 수행하고 있다면, 그 기준은 반드시 완벽해야 한다. 실패의 대가가 엄청나기 때문이다. 하지만 파워포인트 슬라이드에서 이미지 사이즈를 조절하고 배치하는 일을 완벽히 하느라 두 시간을 잡아먹는다면? 시각 효과라는 편익과 비교하면 에너지 비용이 지나치게 높다.

반면 어떤 일을 보통 수준으로 할 때, 그 일을 다시 처음부터 해야 한다면 오히려 손해다. 오븐에 빵 반죽을 넣어놓고 다른 볼일을 보러 갔다가 부엌으로 돌아왔을 때 빵이 다 타버려서 먹지 못하는 상태가 되었다면? 중요한 미팅을 앞두고 복잡한 엑셀 문서를 준비했는데 확인해보니 오류투성이라면? 이 두 사례에서는 보통 수준으로 한 일이 결국 배고픔, 공개적인 망신, 재작업 등의 엉망진창 결과로 돌아왔다.

어떤 영역에서 중간만 할지는 철저히 개인적인 결정에 달렸다. 예를 들면 나는 맞춤법이나 문법에 굉장히 민감하다. 유식한 사람이 쓴 글에서 기초적인 문법적 오류를 발견하면 짜증이 나고 아무래도 깔보는 마음이 생긴다. 그래서 내 원고를 보내기 전에는 항상 교정을 보는데, 내 손을 떠난 다음 오류를 발견하면 못 견디게 신경이 쓰인다. 한다고 했지만 이 책 어딘가에도 내가 미처 발견하지 못한 오자나 문법적 오류가 있을 확률이 높다. 그걸 발견하면 괴로워질 게 분명하다.

그렇다고 다른 사람들이 나만큼 문법에 집착할 필요는 없다. 내가 언어를 정확하게 구사하면 내 자부심과 '나'라는 브랜드의 가치를 높일 수 있다. 하지만 당신이 그런 것에 별로 관심이 없다면, 글을 쓰다가 맞춤법 실수를 해도 상관없다.

모든 것에 완벽해지고자 하는
욕심은 실패의 지름길이다.

사람들은 당신의 기준에 관심이 없다

핵심적인 질문을 던져보겠다. 도대체 어디까지를 충분하다고 할 수 있을까? 그걸 평가하는 사람은 누굴까?

좋다, 당신이 평범한 수준으로만 해도 충분한 일을 찾았다고 가정해보자. 내 첫 번째 조언은 그 사실을 아무에게도 알릴 필요가 없다는 것이다. 어차피 누가 상관할 일도 아니다. 그저 조용히 나만의 보통 기준에 맞춰 일을 하면 된다. 실제로 눈치채는 사람이 거의 없다는 사실을 알면 놀랄지도 모르겠다.

지금까지 내가 하는 말에 집중하고 있었다면 내 말에 일관성이 없다고 비난할 수도 있겠다. 왜냐하면 나는 앞에서 사람들이 당신을 섣부르게 판단할 것이라고 경고했기 때문이다. 그 말은 맞다. 비난받을 각오도 해야 한다. 하지만 남들이 당신의 상상만큼 당신에게 관심이 없는 것도 사실이다. 사람들은 각자 삶을 사느라 바쁘고, 자기 할 일을 해내느라 여념이 없어서 당신이 얼마나 잘하고 있는지에는 크게 관심이 없다.

마리아나는 대학원에 입학하면서 이례적으로 넉넉한 지원금을 받은 운 좋은 케이스였다. 입학생들에게 어떤 식으로든 보조금이 주어지긴 했지만 그 대가로 연구 보조나 조교 일을 해야 하는 게 일반적이었다. 하지만 마리아나는 큰 금액을 지원받고도 일을 할 필요가 없었다.

마리아나는 감사한 마음이 들면서도, 다른 친구들은 일 때문에 자신보다 힘들게 학교생활을 해야 한다는 점이 마음에 걸렸다. 그래서 이렇게 마음먹었다.

'내 보조금이 더 많으니까 전 과목 과제와 시험에서 최고점을 받아야 해. 성적이 안 좋으면 다들 내가 돈을 받을 자격이 없다고 생각할 거야.'

이 시나리오에는 두 가지 맹점이 있다. 첫째, 그녀의 동기들은 아주 똑똑하다는 사실이다. 그 대학원은 경쟁률이 높아서 입학생들은 전부 엄선된 인재들이었다. 따라서 전 과목에서 최고점을 받으려면 살벌한 경쟁을 뚫어야 했다. 둘째, 대학원 1학년 과정은 학생들이 힘들어할 수밖에 없게끔 짜여 있다. 학생들은 자신의 전공이나 관심사와 관련 없는 분야도 전부 수강해야 했으며, 교수들은 강의하는 것보다 학생들을 평가하는 데 더 주안점을 두었다.

그래서 마리아나는 오직 다른 친구들이 자신의 성적을 주의 깊게 지켜볼 것이라는 믿음만으로 불가능한 기준을 세운 뒤 안 그래도 힘든 학교생활을 더 힘들게 만들었다. 한 학기가 지나서야 그녀는 누구도 자신에게 관심이 없다는 사실을 깨달았다. 사람들은 자신에게 닥친 일들을 해치우느라 발버

둥 치고 있었다.

아무도 자신의 성적에 관심이 없다는 걸 깨닫고 나서야 마리아나는 한숨을 돌린 뒤 집중해서 자신에게 중요한 일에 최선을 다했다. 결과적으로 그녀는 우수한 성적으로 졸업했는데, 자신의 상상 속에 존재하던 다른 사람들의 불가능한 기준을 맞추려고 노력했기 때문이 아니었다. 힘든 대학원 생활이 계속되자 그녀는 가능한 한 빨리 이곳을 벗어나는 게 최선이라는 결론을 내렸다. 그리하여 3년 안에 졸업한다는 목표를 세우고 거기에만 불철주야 매달렸다. 목표를 이루기 위해서는 최고점을 받아서 교수들의 우려를 불식시켜야 했다. 하지만 요행을 부릴 수 있을 때는 그렇게 했다. 다시 말해, 속도를 내기 위해 그럭저럭 넘어갈 때도 있었다. 그 계획은 성공했다. 마리아나는 3년 안에 필요한 자격을 취득했고, 다시는 뒤를 돌아보지 않았다.

중간만 가도 남들은 눈치채지 못한다는 또 다른 예시를 들려주겠다. 스테파니는 성대한 파티를 계획하며 사소한 디테일에 하나하나 신경 쓰고 있었다. 출장요리업체를 예약했는데, 같은 업체가 자신의 파티가 열리기 일주일 전에 친구인 나오미의 파티에서 음식을 준비한다는 사실을 알게 되었다. 스테파니는 다급하게 나오미를 찾아가서 "서로의 파티에서 같은 음식이 나오면 안 되니 메뉴에 대해서 상의하자"라고 말했다. 나오미는 미소를 지으며 말했다.

"내가 이야기를 하나 해줄게. 몇 년 전에 열었던 저녁 파티에서 있었던 일이야. 모든 음식을 정말 완벽하게 준비했지. 당근만 빼고! 그 당근은 정말 최악이었어. 몇 주가 지난 뒤에 파티에 왔던 손님을 우연히 만났는데 근사한 파티였다고 칭찬을 해주더라고. 그래서 내가 '고맙습니다. 그런데 당근이 좀 별로였죠?'라고 했더니 그분이 눈을 동그랗게 뜨고 '네? 무슨 당근요?'하고 묻더라."

나오미가 신경 쓰고 있었던 문제는 실로 너무 사소했다. 스테파니는 상대적으로 사소한 디테일에 자신이 그동안 속을 끓이고 있었다는 사실을 깨달았다. 그 뒤 편안한 마음으로 손님들이 좋은 시간을 보내는 데 집중했고 결과는 대성공이었다. 그 후로 스테파니는 사소한 일에 호들갑 떠는 자신을 발견하면 스스로 이렇게 물었다.

'이것은 당근이 아닐까?'

당근이 맞다면 걱정으로 에너지를 소모할 가치가 없는 일이기 때문이다.

따라서 내가 중간 수준만큼만 하기로 선택한 일을 남에게 알리지 말자. 그리고 누가 나를 섣불리 판단하더라도 걱정하지 말자. 부끄러워할 일도, 사과할 일도 아니다. 인생을 최대한 효율적으로 만드는 게 중요할 뿐이다.

완벽은 환상이다

다른 사람들이 평범한 수준을 기준으로 하는 일에는 어떤 것들이 있을까? 그중 하나는 가사 노동이다. 나는 '안 보이면 좀 지저분해도 괜찮다'고 생각한다. 옷장, 서랍, 냉장고 안 등등 말이다. 기준은 스스로 정하기 마련이다.

다른 하나는 운동이다. 사실 운동은 에너지 용량을 늘릴 수 있는 최고의 방법 중 하나다. 하지만 까놓고 말해서 사람들 대부분은 평생 마라톤 대회에 나갈 일이 없다. 우리 집은 시카고마라톤대회의 경로에 자리하고 있는데 나는 매년 밖에 나가서 열심히 뛰고 있는 대단한 사람들을 구경한다. 하지만 그 사람들처럼 되고 싶지는 않다. 대신 일주일에 두어 번 5킬로미터를 천천히 달린다. 지난 30년간 같은 거리를 같은 속도로 달렸다. 나는 평범한 주자다.

평범한 수준의 요리로 만족하는 사람들도 많다. 개중에는 아예 요리하지 않으면서 남이 만든 음식만 먹는 사람도 있다. 대부분의 사람이 만드는 데 시간이 별로 걸리지 않고 적절한 영양을 제공하는, 기본적이고 쉬운 조리법 몇 가지를 아는 것만으로 충분하다고 여긴다. 나의 경우는 좀 다른데, 생애 처음으로 한 이탈리아 여행에서 진정한 진미를 맛본 뒤 요리에 대한 열정이 생겼다. 물론 당신도 그래야 할 필요는 없다!

인생의 일정 부분에서 보통 수준을 허용하면 위임하기도 한결 쉬워진다. 어떨 때는 내가 위임하는 사람이 나보다 기준이 높다. 우리 회사의 회계 담당자는 나보다 훨씬 디테일에 신경 쓴다. 참 다행스러운 일이다! 하지만 내 눈에 차지 않는 사람들도 많다. 그런 사람들이 하는 일의 품질을 높이기 위해 마이크로 매니징을 할 텐가, 아니면 그냥 그대로 받아들이겠는가? 이때 핵심 질문은 언제나 '이 정도면 충분한가?'다.

내가 일을 위임하는 사람이 가족일 경우 이 질문은 특히 중요하다. 내가 남편이나 아이들에게 일을 시키고 나서 잔소리를 하거나 사사건건 간섭을 하거나 마음에 안 든다고 그 일을 다시 하면 그들의 의욕을 꺾는 셈이 된다. 물론 한마디 해야 할 때도 있다. 하지만 보통 그 정도면 충분하다. 그러니 그쯤 해두자.

직장에서도 마찬가지다. 앞에서 언급한 대로 관리자의 필수 자질 중 하나는 위임하는 능력이다. 처음 관리자가 된 사람이 특히 힘들어하는 일이다. 관리자가 되면 다른 사람이 내가 잘하던 일을 잘하게 만들어야 한다. 관리자가 익숙하지 않은 많은 사람이 이를 이해하지 못하고 온갖 세부적인 일에 사사건건 개입하며 팀원들을 괴롭힌다. 시간과 에너지가 정말 아깝다!

관리자는 자신의 팀이 만드는 결과물의 품질에 책임을 져야 한다. 그렇다고 모든 세부적인 항목을 본인이 다시 해서는 안 된다. 중차대한 일과 그럭저럭해도 충분한 일을 구별할 수 있어야 한다.

많은 사람이 사적인 일에서는 평범한 수준을 허용하면서도 직장에서는 그럴 엄두를 내지 못한다. 성별 가릴 것 없이 그런 경향이 있지만 남녀에 따라 이유는 다르다. 남성들의 경우에는 정체성, 즉 자의식이 업무 능력과 결합해 있다. 직함, 보상, 책임 범위를 놓고 끊임없이 득점하고 동료와 엎치락뒤치락한다. 그런 남성들에게 결과물이 '그럭저럭 괜찮다'라고 인정하는 것은 실패와 다름없다.

물론 그렇게 생각하는 여성들도 많다. 그러나 여성들이 완벽을 추구하는 심리에는 또 다른 이유가 있다. 특히 남성이 주축이 되는 환경에서 일하는 여성들은 자신의 업무에 대한 심사가 더 꼼꼼하게 이뤄지고, 더 가혹한 평가를 받는다는 사실을 잘 안다. 그런 환경에서 여성들은 업무의 질에서 조금이라도 타협을 보면 자신이 고스란히 타격받는다고 생각하게 된다. 그리고 그 말이 맞을지도 모른다.

내 일에 높은 기준을 설정하는 것은 좋다. 하지만 모든 것을 완벽하게 하는 것은 비현실적이다. 완벽을 추구하다 보면 소중한 에너지를 상대적으로 중요도가 떨어지는 일에 사용하게 된다. 그것은 성공의 비결이 아니며, 훌륭한 리더들의 에너지 사용법과도 거리가 멀다.

직장에서 정말로 중요한 일은 나의 역할을 규정하고 나의 성공 여부를 결정짓는 일이다. 그게 어떤 일인지 찾아서 거기에 에너지를 쏟아라. 그 밖의 수많은 일은 그럭저럭해도 충분하다.

사람들은 자기 할 일을 해내느라
여념이 없어서 당신이 얼마나
잘하고 있는지에는
크게 관심이 없다

중요한 일에 집중하기 위해 포기해야 하는 것

레이철은 대형 홍보대행사의 고위 간부였다. 그녀는 빠르게 움직이는 업계의 글로벌 부서를 이끌고 있었다. 레이철을 처음 만났을 때만 해도, 그녀는 어떤 내용의 이메일이라도 반드시 5분 안에 답장을 썼다. 내가 메시지를 보냈을 때 '지금은 외근 중이며 이메일을 사용할 수 없습니다. 돌아오는 즉시 연락드리겠습니다'라는 자동 응답이 온 적도 있었다. 그리고 2분이 채 지나지 않아 레이철에게서 답신이 왔다.

대단히 편하긴 했다! 답변을 기다릴 필요도, 답장을 재촉하는 두 번째 메시지를 보낼 필요가 없었으니까. 하지만 레이철은 스스로 정한 '언제나 5분 안에 모든 메일에 답장한다'라는 무분별한 규칙으로 인해 효율성이 떨어지는 리더가 되고 말았다. 미팅에 들어가도 그곳에 있는 사람들에게 집중하지 못하고 이메일 답장을 썼다. 그리고 동료와 팀원들에게 아주 사소한 문제라도 자신이 답변해줄 것이라는 기대를 심어주었다.

레이철이 나에게 에너지 큐레이션 코칭을 받은 지 얼마 지나지 않아 더는 그녀에게서 즉각적인 답신을 받아볼 수 없게 되었다. 심지어 그녀를 환기하고자 두 번이나 같은 메시지를 보낸 적도 있었다. 그것으로 충분했다!

실제로 내 고객 중 상당수가 이메일 관리에 애를 먹는다. 애슐리를 만나 코칭을 시작했을 때 그녀는 막 대기업 고객 서비스팀의 책임자로 임명된 상태였다. 그녀는 다양한 관리직을 역임했지만, 서비스팀은 처음이어서 팀원들은 새 팀장이 잘해낼지 의구심을 품고 있었다. 거기에다가 회사마저 '최상의 고객 서비스'를 핵심 전략으로 내세워 애슐리는 자신의 역량을 보여줘야 한다는 심한 압박을 받고 있었다.

애슐리는 자신의 받은 메일함에 3천 개의 메시지가 있다고 내게 털어놓았다. 고객 서비스팀에서 발송되는 모든 메일에 그녀가 참조되어 있었기 때문이다. 밀려오는 이메일에 최대한 대응하면서도, 그녀는 자신의 탁월함이 한 시간에 60여 개씩 밀려오는 이메일에 일일이 답장하는 것에 있지 않다는 사실을 알고 있었다.

그래서 애슐리는 몇 가지 변화를 주었다. 먼저 팀원들에게 자신이 확인해야만 하는 메일이 어떤 메일인지 교육했다. 그리고 비서에게 시켜 이메일을 중요도순으로 구분해서 받은 메일의 약 3분의 2는 아예 눈에 띄지 않게 했다. 그런 조치로 한결 나아지긴 했지만, 이메일에 대응하는 것으로 훌륭한 리더가 될 수는 없었다. 그래서 그녀는 아무도 모르게 대충 처리하기 시작했다. 일부는 쓱 훑어보고, 그중 소수만 읽어보고, 나머지는 보지도 않고 지워버렸다. 팀원들에게는 자신이 반드시 주목해야 할 내용이 담긴 이메일에 한해 '긴급'이라는 머리말을 붙이게 했다. 그렇게 했는데도 그녀가 제대로 살펴봐야 할 메일이 넘쳐흘렀다.

아이러니하게도 애슐리는 고객 서비스팀 책임자 역할을 매우 훌륭하게 수행했다. 그녀의 분명한 업무 지시로 인해 고객의 요구 사안에 답변하는 시간이 눈에 띄게 줄어들었고 컴플레인도 크게 감소했다. 매년 실시하는 설문조사에서도 고객 만족도 점수가 크게 올랐다. 그사이 애슐리는 자신에게 온 이메일 대부분을 읽지 않고 있었다. 이메일에 대충 답장하기로 선택함으로써 정말 중요한 업무를 훌륭하게 소화해낸 것이다.

단란한 가정을 꾸리면서 성취감 높은 일을 해내고 싶으면 양쪽에서 조금씩 요행을 부릴 수밖에 없다. 어린 자녀의 뒤치다꺼리를 하느라 눈코 뜰 새 없이 바쁘다면 어떻게 임원까지 승진하겠는가? 마찬가지로 명망 높은 신경외과 의사라면 학교에 직접 쿠키를 구워 오는 학부형이 되기는 힘들 것이다.

내 고객이었던 세라는 이 문제를 해결하고자 했다. 그녀는 최근 자신이 다니던 중견 식품회사에서 혁신 담당자로 승진했다. 한때 대기업에서 근무하다가 좀 더 자율적으로 일하기 위해 작은 회사로 이직한 경우다. 초반부터 그녀는 장시간 근무에 출장을 밥 먹듯이 다녀야 했다. 게다가 집에는 어린 두 자녀가 있었다.

　세라의 남편은 좋은 사람이었다. 프리랜서 작가인 남편은 근무시간을 조절할 수 있어서 집안일을 절반 이상 맡아서 해주었다. 하지만 시간이 흐르면서 세라는 가족과 충분히 시간을 보낼 수 없어서 점점 괴로웠다. 그녀는 상사에게 건의해서 매주 금요일에 재택근무를 할 수 있게 되었고, 그것만으로도 많은 도움이 되었다.

　하지만 사무실에서 보내는 시간이 줄어들면서 전략적인 관계를 형성하고, 직무에 필수적인 비공식적 네트워크나 아이디어 공유 모임에 참여하는 시간이 자연히 줄어들었다. 세라는 지금 하는 일에 탁월하기는커녕 '그럭저럭' 수준에도 못 미치는 건 아닌가 고민하기 시작했다.

　세라의 이야기는 해피엔드로 끝난다. 일주일에 한 번 재택근무를 계속하면서도 여성으로서 처음 회사의 C 레벨(회사의 가장 중요한 고위 경영진 그룹-옮긴이)이 된 것이다. 아직도 회사일과 집안일 어느 쪽도 제대로 못 한다고 자책하지만, 파격적인 승진으로 지금까지 자신이 고수하던 방식을 계속 밀고 나가면 된다는 확신을 얻었다.

그럭저럭해도 괜찮은 일들

에너지 큐레이션은 매우 개인적인 과정이다. 하나의 해답은 없으며, 심지어 여러 해답도 시간이 지나면 바뀐다. 하지만 지금은 조금 다른 주장을 하고자 한다. 이 주제에 관련해서만큼은 정답이 있다.

만일 당신에게 아이가 있다면, '다시 하기'란 없다는 것을 명심해라. 아이의 인생에서 긴 시간 자취를 감췄다가 다시 나타나 새로 시작할 수 없다. 심리치료사로 오랫동안 일하며 나는 이런 사례를 수도 없이 보았다. 우울증과 외로움에 괴로워하던 40대 중반 남성들이 나를 찾아온다. 아이들의 유년기 시절에 자신의 커리어를 쌓는 데에만 집중했던 사람들이다. 돈은 많이 벌었지만 감정적으로는 결핍 상태다. 여기서 가장 비극적이라고 할 수 있는 부분은 이제 와서 아이들과 친밀한 관계를 만들겠다는 의지가 강력하다는 점이다. 하지만 10대 중반이 된 자녀들은 아버지와 가까워지는 데 일말의 관심도 없다. 정말 안타깝기 그지없다.

만약 최상의 에너지를 어디에 소비할 것인지 확신이 서지 않았다면, 가족을 선택해라. 진부한 말이지만, 죽는 순간에 "사무실에서 더 많은 시간을 보낼걸"이라고 말하는 사람은 없다.

그렇다면 정말로 가족을 우선시하면 어떤 일이 벌어질까? 가족을 중시하고 회사에서는 설렁설렁 일하면 다른 사람들이 나를 안 좋게 볼 것이라 생각하는 사람들이 많다. 물론 그럴 때도 있다. 그런데 그게 중요할까? 그건 상황마다 다르다. 아래 도표를 이용하면 그럭저럭해도 괜찮을 일을 결정할 수 있다.

	나를 행복하게 하는 것	나를 행복하게 하지 않는 것
상대의 의견이 중요함	1	3
상대의 의견이 중요하지 않음	2	4

1번은 쉽다. 나와 나에게 중요한 사람에게 매우 중요한 일을 최선을 다해 열심히 하면 된다. 2번도 쉽다. 내가 중요하다고 판단한 일이라면 다른 사람의 의견과 무관하게 열심히 하면 된다.

3번의 경우도 종종 있다. 나에게는 별일 아니지만 내게 중요한 사람에게 매우 중요한 일이라서 에너지를 사용해야 할 경우를 말한다.

4번에 주목해라. '그럭저럭'의 최적점이다. 만일 나한테 별로 중요하지 않은 일에 너무 많은 에너지를 들이고 있으며,

그 일을 평가하는 사람이 내가 별로 중요하게 생각하지 않는 사람이라면, 에너지 소비를 줄여도 좋다. 이런 일에 "안 돼"라고 말할 수 있으면 제일 좋겠지만, 의무적으로 해야 하는 일일 수도 있을 것이다. 이런 상황에서 꺼내 들어야 할 카드가 바로 '그럭저럭'이다. 때로 우리는 적당히 타협하며 살아야 한다.

모든 일에 칭찬받을 수는 없다

메리의 집은 이제 꽤 깔끔해졌다. 자녀들이 모두 독립했기 때문이다. 어린아이 세 명, 아이들의 친구들 여섯 명까지 뛰어놀 때 집 안은 초토화되기 일쑤였다. 메리는 남이 볼까 봐 그 모습을 부끄러워했고 재빨리 집을 정돈하곤 했다. 집안일을 좋아하지 않았지만, 자신과 가족을 위해 다른 일과 마찬가지로 살림도 잘해야 한다고 생각했다.

그러던 어느 날 메리는 문득 깨달았다. 자신을 아는 두 사람이 자신에 대해 나누는 대화를 몰래 엿듣는다는 상상을 해본 것이다.

"너도 메리 알지? 걘 일 하나는 똑 부러지게 하고 남들 돕는 일에도 항상 앞장서. 아이들도 잘 컸고 남편도 사람이 괜찮은 것 같아. 봉사활동도 열심히 하고 성격도 참 너그러워. 그런데…… 세상에, 걔네 집 봤어?"

메리는 자신이 그런 소리를 들어도 괜찮다는 생각이 들었다. 엉망진창이 된 집에 대한 비난을 들어도 아무렇지도 않을 것 같았다. 비록 상상이지만 자신이 정말로 중요하게 생각하는 일에 좋은 평가를 받지 않았는가. 청소를 좀 못한다고 욕을 먹어도 마음이 상하지 않았다. 이런 생각을 한 뒤로부터 메리는 거실에 장난감이 널려 있고, 싱크대에 그릇이 쌓여 있다고 해서 불안해하지 않았고, 계속해서 자신이 소중하게 생각하는 일에 에너지를 사용했다.

그렇다면 정말 중요한 일을 보통 수준으로밖에 하지 못하면 어떨까? 이럴 때는 먼저 결과와 과정 중에서 무엇이 중요한지 결정해야 한다.

예를 들어보겠다. 나는 파워포인트 슬라이드를 만들 수는 있지만 아주 잘하진 못하고 시간도 오래 걸린다. 그런데 이 작업은 '나'라는 브랜드와 직결되기 때문에 슬라이드가 깔끔하고 전문적으로 보여야 한다는 생각을 하고 있다. 하지만 꼭 내가 슬라이드를 잘 만들어야 하는 것은 아니기에 실력이 뛰어난 디자이너를 고용했고, 디자이너는 근사한 슬라이드를 만들어낸다. 이 경우에 내게 중요한 건 '결과'다.

한편 나는 훌륭한 작가가 되고 싶다. 그래서 글쓰기에 우선 순위를 두고 큰 노력을 기울인다. 글 쓰는 시간을 따로 정해 두고, 다른 사람의 글을 읽으며 작법을 깊이 있게 공부한다. 내 글은 여러 번 읽어가며 수정한다. 책을 내기 위해 대필 작가를 고용할 생각은 없다. 여기서 중요한 것은 '과정'이다.

그 어떤 일도 보통 수준으로 하지 않겠다고 결심하면 어떻게 될까? 한발 더 나아가 하는 일마다 전부 탁월하게 해내겠다고 고집을 부린다면? 언젠가 딱 그런 타입인 회사 중역을 평가한 적이 있다.

대형 소매업체에 근무하는 세스는 재능이 출중한 야심가였다. 그는 영리하고 두뇌 회전이 빠른 문제 해결사로 어려운 상황을 해결하는 것을 즐겼다. 하지만 완벽주의가 점점 그를 옥죄기 시작했다. 프로젝트를 몹시 훌륭하게 완성해낸다는 그의 고집은 디테일까지 세심하게 신경 써야 하는 상황에서는 빛을 발했다. 그러나 '약식으로 빠르게' 돌아가야 하는 상황에서 그는 무력했다. 그는 매일같이 야근을 했고 회사 일과 집안일이 상충하면 힘들어했다. 세스는 번아웃이 오기 직전까지 갔으며 그 스트레스로 팀원과 동료를 들들 볶아댔다.

세스의 바람과 달리 나는 그를 승진시키는 데 찬성표를 던질 수 없었다. 책임 범위가 더 늘어나면 그의 완벽주의가 더 큰 문제가 될 것으로 예상했기 때문이다. 승진에서 누락되자 세스는 매우 실망하고 상처를 받았다. 하지만 다행히 그는 자신의 행동을 객관적으로 바라볼 수 있게 도와줄 코치를 기용하기로 했다.

그 후 1년간 그는 우선순위를 정해 일의 경중을 구분하여 몰두했으며 때에 따라 낮은 기준을 받아들이는 연습을 했다. 어떤 사람들은 '평범한 수준'이 된 것이 세스의 커리어에 걸림돌이 될 것으로 생각했겠지만 실제로는 정반대 일이 벌어졌다. 그는 자신의 핵심 목표에 에너지를 아낌없이 쏟았고, 그러자 생산성이 눈에 띄게 높아졌으며 결국 원하던 자리로 승진했다.

중간만 가겠다는 말은 다소 안 좋게 들린다. 일의 품질에는 신경 쓰지 않는 게으름뱅이가 하는 말 같다. 그럭저럭 수준을 받아들이는 게 에너지 큐레이션에서 가장 어려운 부분이라고 해도 과언이 아니다.

전시회에서 어떤 작품을 전시할지 결정해야 하는 큐레이터를 상기해보자. 수준이 못 미치는 작품은 아예 전시조차 되지 못할 것이며, 아주 뛰어난 작품은 눈에 잘 띄는 곳에 배치

될 것이다. 그 외 다수의 작품은 관람객이 원하면 갈 수 있는 옆방에 전시될 것이다. 그곳이 바로 '그럭저럭 전당'이다. 딱 필요한 만큼만 하고 그 이상은 하지 않는.

까놓고 얘기하면 우리가 인생에서 하는 일은 대체로 평범한 수준에 머문다! 그래도 괜찮다. 그걸로 충분하다. 그런 선택을 의식적이고 신중하게 한다면 우리는 에너지를 정말로 중요하고, 탁월해지고 싶은 일에 온전히 사용할 수 있다. 그게 바로 다음 주제다.

완벽을 추구하다 보면
소중한 에너지를
상대적으로 중요도가 떨어지는
일에 사용하게 된다.

4

나만의
탁월함을 추구하라

고등학교 1학년 때 국어 수업에서 골루크 선생님을 처음 만났다. 정말 훌륭한 선생님이었다. 재밌고, 학생들의 흥미를 유발하고, 활기가 넘쳤다. 반면에 나는 태도는 좋았지만 잘난 척하는 학생이었다. 공부를 안 해도 성적이 잘 나왔다. 어느 날 선생님께서 언제나처럼 높은 점수가 적힌 내 작문 숙제를 돌려주며 말씀하셨다.

"게일, 내 수업에서 이 정도면 A는 문제없지만, 넌 이보다 더 잘할 수 있어."

나는 당황했다. 그동안 선생님들에게 늘 잘했다고 칭찬만 받았다. 골루크 선생님의 말씀에 속이 쓰렸다. 하지만 동시에 도전의식이 불끈 샘솟았다. 나는 왜 결과물을 만드는 데 최선을 다하지 않았을까?

이 일로 내 인생이 바뀌었다. 골루크 선생님의 말씀은 다른 사람이 요구하든 말든 최선을 다하는 계기가 됐다. 이 책의 앞부분을 읽었다면, 내 말이 해야 할 일 전부에 최선을 다했다는 의미가 아님을 잘 알 것이다. 때로는 평범한 수준으로만 해도 충분하다. 하지만 골루크 선생님 수업을 들은 뒤부터는 자부심을 느낄 만한, 탁월한 결과물을 만들어내자는 생각이 나의 가치관으로 자리 잡기 시작했다.

탁월함이 전혀 없는 인생을 생각하면 쓸쓸해진다. 탁월함은커녕 오로지 생존에만 매달리는 사람들이 많이 존재한다. 미국의 심리학자 매슬로의 욕구 5단계 이론에 대해 들어본 적이 있을 것이다.

매슬로의 욕구 5단계 이론

매슬로는 자아실현 욕구, 즉 인생의 의미를 갈구하는 욕구의 개념을 처음으로 제시한 20세기 심리학자다. 그림에서 보다시피, 하위 욕구들이 충족되지 못하면 자아실현 욕구가 충족되지 못한다는 이론이다.

매슬로의 주장대로라면 굶주리거나, 위험에 처해 있거나, 사랑이나 존중을 받지 못하는 사람은 이런 기본 욕구들이 충족될 때까지 인생에서 의미를 찾는 일을 할 수 없다.

오래된 이론이 으레 그렇듯 매슬로의 이론에도 반대론자들이 있다. 하지만 내게는 변함없이 인간의 욕구와 우선순위라는 개념을 설명할 수 있는 유용한 방법이다. 또한, 매슬로의 욕구 5단계 이론은 내가 마주하는 많은 문제가 '제1세계 문제'라는 사실을 상기시켜준다. 생존을 걱정하지 않아도 되는 나 같은 사람들에게는 매우 실질적이고 중대한 문제지만 모든 사람이 다 같지는 않다. 따라서 나는 자녀들과 먹고사는 데 집중하느라 일에서 의미를 찾는 일에 관심이 없는 사람을 비난할 생각이 없다.

하지만 잘 먹고, 보호받고, 사랑받고, 존중받는 사람들에게 의미를 찾는 일은 중요하다. 그리고 내가 말하는 탁월함은 이 '의미'와 연관이 있다. 이 책의 핵심은 당신에게 중요한 일, 즉 의미 있는 일에 탁월해지는 것이다.

내게 중요한 일,
즉 의미 있는 일에 탁월해져라.

탁월하다는 것은 중요한 일을 하는 것이다

탁월하다는 것은 중요한 일을 하는 것이다.

탁월함은 명성이 아니다. 물론 탁월하게 잘하는 일로 유명해질 수도 있다. 하지만 탁월함과 별개로 유명해진 사람도 많다. 스티브 바트먼이라는 야구팬은 파울볼을 손으로 잡는 바람에 결국 시카고 컵스가 경기에서 패하고 어쩌면 가능했을지도 모를 그해 내셔널리그 우승을 놓치게 한 것으로 유명하다. 모니카 르윈스키는 빌 클린턴 전 미국 대통령과의 스캔들로 유명하다. 이 사람들 모두 어떤 일에 탁월할 수도 있겠지만 그걸로 유명해지진 않았다.

당신은 아무도 알지 못하는 방식으로 진정 탁월해질 수 있다. 이에 관해 내가 가장 즐겨 사용하는 예시가 있는데, 상담 치료사로 일하던 시절에 겪었던 일이다. 내 고객 중에는 학대, 방임, 부모의 알코올중독같이 어린 시절에 믿기 힘들 정도로 끔찍한 경험을 한 사람이 종종 있었다. 그들이 완전한 감정적 장애에 이를 만한 사유는 충분했다. 그런데도 그들은 애정 관계를 맺고, 직장에 다니고, 공동체 일원으로 생산적인 활동을 했다. 마음의 상처를 극복하기 위해 노력했고, 자신과 주변 사람들을 위해 좋은 삶을 일구어나갔다.

그게 어떻게 가능했을까? 끔찍한 어린 시절을 초월하게

한 힘과 회복탄력성을 어디에서 찾았을까? 나는 그들에게 직접 물어보았다. 그럴 때마다 그들은 한결같이 이렇게 답했다.

"날 변화시킨 사람이 있었어요. 집에 초대해서 따뜻하게 맞아주고, '나도 가치가 있는 사람이구나'라고 느끼게 해주신 분요. 절 믿어주셨어요."

그런 사람은 보통 이웃이거나 선생님이었다.

그런 사람들은 한 아이의 인생 궤도를 바꾼다. 그 아이를 구한 것이다. 그런 일로 유명해지기는커녕 그게 얼마나 중대한 일인지 인식조차 못하고 지나갈 때가 많다. 하지만 나는 그런 일이야말로 진정한 탁월함이라고 생각한다. 문가에서 서성이거나 교실 구석에 앉아 있는 추레한 행색의 아이에게 관심을 가지는 데 자신의 에너지를 기꺼이 사용했기 때문에 그런 기적이 일어난 것이다.

당연히 탁월함으로 유명해질 수도 있다. 운동선수, 예술가, 경영인, 정치가들처럼 말이다. 하지만 탁월함과 명성은 다르다.

나는 어렸을 때 평범해질까 봐 두려웠다. 그것이 세상에서 가장 큰 저주로 느껴졌다. 미국의 첫 유대인 여성 대통령이 되고 싶었고 노벨상을 타고 싶었고 유명한 배우가 되고 싶었다. 나는 지금 이 중 어느 것도 될 수 없다는 것을 깨닫는 삶의 단계에 와 있다.

다행히 이제는 평범한 사람이 되는 것이 두렵지 않다. 평범한 사람도 탁월한 일을 할 수 있다는 것을 알기 때문이다. 몇 해 전 아들 벤이 영화 〈스타워즈〉를 보고 나서 페이스북에 올린 글을 읽고 깜짝 놀란 적이 있다. 알다시피 〈스타워즈〉 시리즈에서 루크 스카이워커는 후미진 행성 타투인에서 농부인 오웬과 베루라는 부부의 양자로 큰다. 루크는 커서 타투인을 떠나 은하계 전사로 명성을 떨치게 되지만, 끔찍하게 생을 마감한 오웬과 베루를 기억하거나 추모하는 사람은 아무도 없다. 벤은 이 이야기에 대해 이렇게 썼다.

역사의 어느 지점에서 누군가는 집을 떠나 참전하라고 젊은이들을 설득해야 했을 텐데 그건 정말 보통 일이 아니었을 거다. 그래서 작가는 전투를 미화하는 이야기를 썼다. 전쟁을 납득시키기 위해서다. 이런 이야기는 절대 사라지지 않고, 비틀어지다가 이제는 기업가 정신까지 미화한다. 이런 유의 이야기들이 가진 '포스(〈스타워즈〉에 등장하는 특별한 우주의 힘-옮긴이)'에 대항하기는 무척 힘들다. 오웬과 베루의 인생이 루크의 것보다 낫다는 주장을 펼쳐야 하기 때문이다. 오웬과 베루는 20년 이상 한 집에서, 30년 넘게 결혼 생활을 한 부부다. 그들이 바로 승자고 그게 진짜 인생이다. 억만장자, 유명인, 세력가가 된다는 것은 알고 보면 재미없고 스트레스만 쌓이는 일일 것이다. 그런 삶을 축복하는 일은 이제 그만두는 게 어떨까?

벤의 관점을 읽으며 두 가지 점에서 놀랐다. 먼저 나는 젊은 벤이 당연히 오웬과 베루의 평범한 인생과 과묵한 용기보다 루크의 모험에 더 감명받았을 것이라고 지레짐작했다. 다음으로 벤이 부모인 우리 부부가 선택한 삶을 인정해주었다는 것에 깊이 감동했다.

그렇다고 우리가 농사를 지으면서 양자를 키워야 한다거나 돈, 명성, 권력을 좇아서는 절대 안 된다는 말을 하려는 게 아니다. 내 말은 얼마든지 다른 방식으로 탁월해질 수 있다는 뜻이다. 당신이 운 좋게 매슬로 피라미드의 자아실현 단계에 있다면 당신의 탁월함은 무엇인지 살펴보아야 한다. 그런 다음 거기에 에너지를 쏟아라.

내가 죽으면 나는 어떻게 기억될까

내가 어떤 일에 탁월해질 수 있을지 어떻게 판단할 수 있을까? 이 문제를 '유산Legacy'이라는 개념으로 생각해볼 수도 있다. 당신은 무엇으로 기억되고 싶은가? 당신은 무엇을 성취했으며 앞으로 무엇을 성취할 것인가?

나는 종종 부고 기사를 읽는다. 사람이 죽고 나서 무엇으로 기억되는가는 참으로 흥미롭다. 아래는 최근 지역신문에서 발췌한 내용이다.

- 그녀는 학교 제도 안에서 전문 사서가 된 첫 여성이었다. 컴퓨터가 도입되었을 때는 필요한 기술과 정보를 전부 습득해서 모든 학생이 컴퓨터를 배울 수 있게 도왔다.
- 그녀는 마지막까지 가까이 혹은 멀리 있는 수많은 친구들에게 부칠 크리스마스카드를 직접 손으로 만들며 아름답게 생을 마감했다.
- 그는 전직 시의원이자 키와니스 클럽(전 세계 어린이들을 위해 봉사하는 민간 봉사단체-옮긴이) 회원이며 은퇴한 변호사였다.
- 그녀는 이런 말을 남겼다. "세상은 아름다운 곳이며 사람은 출신과 상관없이 사람일 뿐이다."
- 그는 평생 회계 일을 업으로 삼았고 고객과 동료를 사랑했다.

탁월함의 선택지가 이렇게 다양할 수 있다는 게 참 신기하다. 물론 부고는 고인과 고인의 가족, 지인 관계에 관해서 서술하는 게 일반적이다. 수많은 사람에게 가족 간의 유대와 친구들 간의 우정이 가장 중요한 일임을 느낀다. 당신의 탁월함도 거기에 있는가? 그렇다면 그 관계에 최상의 에너지를 사용하고, 중요하지 않은 일을 하느라 관계를 소홀히 하는 일이 없도록 최선을 다해야 한다.

나도 지금까지 인생에서 성취한 것들 중에서 무엇이 가장 자랑스러운지 곰곰이 생각해봤다. 나열하자면 이렇다. 나는 남편이 좋아하고 잘하는 일을 하도록 옆에서 도왔고, 멋진 아들 셋을 키웠다. 심리학자로서 많은 사람을 도왔고, 내가 다니는 유대교 회당에서 여성들도 온전히 종교 행사에 참여할 기회를 확대하는 데 앞장섰다. 그리고 커리어 중간에서 용감하게 새로운 길을 택했다.

나는 아직 죽지 않았고 곧 죽을 마음도 없다. 내가 진심으로 자랑스럽게 여길 성과 몇 가지를 더 만들어내고 싶다. 누가 알겠는가, 그게 바로 이 책일지. 앞으로 무엇을 하고 싶은지 명확히 알기 위해서는 지금까지 해온 의미 있고 중요한 일을 돌아보는 것도 한 방법이다.

탁월한 인생을 사는 데 필요한 세 가지

재능

탁월한 인생을 사는 데 필요한 세 가지 요소는 재능, 기회, 헌신적인 노력이다. 재능은 천부적으로 주어지는 것이기 때문에 내가 마음대로 할 방법이 없다. 따라서 내가 할 일은 내 재능이 무엇인지 찾는 것이다.

에드는 두뇌가 명석한 청년으로 물리학자가 되길 꿈꿨다. 물리학과가 유명한 명문대에 무사히 입학했지만, 첫 물리학 수업에서 F학점을 받고 말았다. 다음번에도, 그 다음번도 마찬가지였다. 상심한 그는 결국 학교를 자퇴하고 몇 년간 여행을 다니며 그곳에서 별난 아르바이트를 섭렵했다. 그제야 그는 위대한 물리학자가 되고 싶은 열망과 별개로 자신의 능력은 그 길에 있지 않다는 것을 알게 되었다. 자신의 진짜 재능은 언어였다. 그는 다시 학교로 돌아가서 불문학을 전공했고, 작가 겸 편집자로 비약적 성공을 거두며 화려한 경력을 쌓았다. 그는 다분히 비현실적인 목표에 매달려 자신의 소중한 청춘을 몇 년이나 낭비한 것이 어리석게 느껴졌다. 하지만 안주하지 않고 자신을 재평가했고, 진정으로 탁월해질 수 있는 길을 찾아냈다.

당신이 어떤 영역에서 탁월해질 수 있는지 확신할 수 없다면 실험을 해볼 수도 있다. 데빈이 좋은 예다. 데빈은 10대 때 지역 극단에 흥미를 느끼고 전문 배우가 되기로 했다. 대학에서 연기를 전공한 뒤 지역 극단에서 1년간 무명 배우 생활을 했다. 그는 연기하는 게 너무 좋았지만 벌이가 시원찮아서 먹고사는 일이 걱정이었다. 그래서 유명 배우를 꿈꾸는 여느 청년들처럼 할리우드로 향했다.

얼마 지나지 않아 그는 충격적인 사실을 깨달았다. 알고 보니 자신은 배우가 되고 싶지 않았다! 그는 시나리오 작업에 매력을 느꼈다. 데빈은 이렇게 말했다.

"다른 사람이 만든 퍼즐의 조각이 되고 싶지 않았어요. 내가 직접 판을 짜고 싶었죠."

그는 그때부터 어떻게 했을까? 그는 장편과 단편을 가리지 않고 닥치는 대로 글을 쓰기 시작했다. 관련 수업도 몇 개 들었다. 작가, 독립영화 제작자, 감독들과 어울렸다. 생계를 위해 식당에서 서빙도 했다.

10년 뒤 데빈은 여전히 할리우드에 있었다. 각계각층에 지인과 동료들이 포진해 있고 몇 편의 영화에서 각본과 제작을 맡은 뒤 좋은 평을 듣기도 했다. 음향 제작을 배워서 거기에서 수입을 창출했다. 그래서 서빙은 일주일에 이틀만 저녁에 하면 되었다. 아직 히트작은 나오지 않았지만, 데빈은 즐기면서 열심히 일하고, 먹고사는 데 충분한 수익을 올리고 있었다. 그의 실험은 끝나지 않았다.

예술 쪽에는 이와 비슷한 사례가 종종 있는 것 같다. 마틴도 비슷한 경우다. 마틴은 시각예술에 뛰어난 재능이 있는 집안에서 나고 자랐다. 부모님 두 분 다 예술 작품을 창조하는데 헌신적이었지만 직업은 따로 있었다. 마틴도 부모님의 발자취를 좇아 어릴 적부터 미술 교육을 받고 실력을 키우기 위해 열심히 노력했다. 그의 재능은 어릴 때부터 빛을 발했고 작품이 주목을 받기도 했다. 하지만 그는 예술가를 업으로 삼을 생각이 없었다.

마틴은 대학에서 화학을 전공했다. 열심히 공부했고 과목에 흥미가 있었다. 하지만 그를 잘 아는 사람들은 의아하게 생각했다. 마틴이 화학을 어느 정도 좋아한 것은 사실이지만 정말로 좋아하는 것은 예술이었기 때문이다. 대학을 졸업한 뒤 마틴은 진로를 결정하기 전에 1년간 쉬기로 했다. 쉬는 동안 그는 처음으로 진지하게 예술을 해보고 싶다는 마음이 들었다. 부모님은 경악했다. 가족 중에 예술을 전업으로 하는 사람은 없었고 예술로 성공하기 어렵다는 사실을 누구보다잘 알고 있었기 때문이다. 하지만 마틴은 예술가가 될 시도조차 하지 않는다면 마흔다섯 살쯤 됐을 때 기회를 놓친 것을 후회할까 봐 두려웠다. 그래서 예술학교에 진학해 순수미술로 석사학위를 취득하고 본격적으로 예술가가 될 준비를 마쳤다.

험난한 길이었지만 그는 끈질기게 버텼다. 창조적인 작업과 조교 일을 병행했고 어느 정도 시간이 흐른 뒤 화가로 주목을 받고 생계를 이어나갈 수 있게 되었다. 이제 은퇴할 나이가 된 그는 농담 삼아 지금도 예술로 먹고살 수 있는지 실험하는 중이라고 말한다. 안 풀리면 언제든 화학 쪽으로 돌아가면 된다고.

자신의 재능을 인생의 초반기에 빠르고 정확하게 알아채면 좋겠지만 그것은 아주 운이 좋은 경우다. 보통은 지름길을 놓치고, 먼 길로 우회하는 도중에 알아차리기 마련이다. 재능이 제 발로 찾아오기를 기다리기보다는 재능을 찾기 위한 노력을 게을리하지 않는 것이 더 현명할 것이다.

기회

탁월해지기 위해서는 기회도 중요한 요소다. 그러나 기회는 내 마음대로 하는 데 한계가 있다. 나는 특정한 때와 장소에서 태어나 특정 가족의 구성원이 되었고, 이러한 사실은 내가 어떤 일을 잘할 수 있느냐 없느냐에 큰 영향을 미친다. 말콤 글래드웰은 저서 『아웃라이어』에서 내가 탁월해질지의 여부와 그 영역은 환경에 지대한 영향을 받는다고 주장했다.

일례로, 내 아들은 뛰어난 운동선수가 될 가능성이 컸다. 그 녀석은 강인하고 근육질에다 규칙적인 생활을 하고 기운이 넘쳤다. 운동을 좋아했고 대부분의 스포츠에서 실력을 발휘했다. 하지만 우리 부부가 워낙 스포츠에는 관심이 없어서 아들에게 운동이라는 분야에 집중해볼 것을 권한 적이 없었다. 그래서 그런지 우리 집안에서 유망한 운동선수는 탄생하지 못했다.

기회는 직접 만드는 것이라고 주장하는 사람도 있으며, 나도 그 말에 어느 정도 동의한다. 하지만 현실을 직시해보자. 리우데자네이루 빈민가에 태어난 사람과 일리노이주 위네트카의 저택에서 태어난 사람에게 찾아오는 기회가 같을 수는 없다. 주어진 환경에 굴복하지 않는 뛰어난 사람도 있지만 우리 대부분은 환경을 발판 삼아 올라가기도 하고, 환경이라는 맹렬한 벽에 부딪히기도 한다.

몇 년 전에 다양성 워크숍에 참여해 특권에 관한 실험에 참여했다. 참가자들은 먼저 한 줄로 서서 사회자가 불러주는 다양한 삶의 환경을 듣는다. 예를 들면, '나는 중산층 가정에서 자랐다', '부모님이 대학을 나왔다', '나는 심각한 질환을 앓고 있지 않다', '나는 폭력의 피해자였던 적이 없다' 같은 항목들이다.

참가자들은 자신에게 해당하는 문장이 있으면 한 발 앞으로 나왔다. 10여 개의 문장을 듣고 주위를 둘러봤을 때 우리 중 일부가 다른 사람들에 비해 월등히 앞서 나가고 있었다. 그 방에 있던 사람들은 모두 성공한 전문가들이었기 때문에 이 실험은 두 가지 결과를 의미했다. 첫째, 기회의 정도는 차등이 심하다. 둘째, 우리 중 일부는 자신의 탁월함에 이르는 길이 다른 사람들보다 평탄했다.

이 사실을 항상 마음속에 새겨야 한다. 그렇지 않으면 '3루에서 태어났으면서도 3루타를 친 줄 알고 사는 사람'이 되기 십상이다.

헌신

앞에서 언급한 재능이나 기회는 내 마음대로 하기 힘들다. 하지만 내가 무엇에 헌신할지는 내 마음대로 할 수 있다. 음악가를 훈련하는 일을 하는 내 남편이 말했다. 학생들의 재능보다 근면성, 열정을 봤을 때 학생들의 향후 음악적 행보를 가늠할 수 있다고. 아들 애런이 연기과에 진학했을 때 교수가 이렇게 말했다고 한다.

"여러분은 모두 뛰어난 재능을 겸비하고 있어요. 그렇지 않다면 이 자리에 있지도 않았겠지요. 수천 명의 다른 학생에게도 해당하는 말입니다. 차이를 만드는 것은 여러분들이 얼마나 기량을 갈고닦느냐에 달려 있습니다."

　내 고객 제이다는 기회를 잡아서 전적으로 헌신한 좋은 사례다. 그녀는 자신이 다니는 기업에서 차기 CEO 후보에 포함된 고위 간부였다. 하지만 안타깝게도 이사회에서 그녀의 경쟁자가 CEO에 낙점되었다. 회사에서 알아주는 실력자인 제이다를 놓치고 싶지 않았던 신임 CEO와 이사회는 그녀에게 새로운 역할을 맡겼다. 문제는 그 역할이 매우 모호하고 분명하지 않다는 데 있었다. 제이다는 실망했다. 자신을 방목하는 듯한 느낌이 들었다. 하지만 몇 달이 지나지 않아 그녀는 회사의 성장에 절대적으로 중요한 핵심 전략을 수립했다. 팀을 꾸려서 가능성을 탐구하고 계획을 지지하도록 경영 기획팀을 설득했다. 그리고 팀원들과 함께 고가치로 증명된 대단히 혁신적인 지적 재산을 창조했다. 제이다는 자신이 무엇에 탁월한지 찾아내서 회사의 필요와 결합해 성공을 이끌어냈다. 승진에서 누락됐다는 패배감에 젖어서 모호한 역할에 안주하는 대신 그녀는 자신의 지적 능력과 에너지를 활용해 탁월한 일을 해냈다.

　탁월함을 추구하기 위해서는 다음을 고려해야 한다.

- 이 일을 하기 위해 어떤 노력이 필요한가? 매일 해야 하는 일인

가? 용을 써야 하는 일인가? 예상할 수 있는 일인가? 이 질문들에 대한 답은 문제 해결을 위해 필요한 에너지를 어떻게 관리해야 하는지 알려줄 것이다.

- 내가 이 일에 뛰어나기 위해서 무엇을 습득해야 할까? 학교에 다녀야 하나? 가르쳐줄 사람을 찾아야 하나? 독학해야 하나? 내가 알고 있는 지식을 버려야 하나?

- 어떻게 하면 계속 탁월할 수 있을까? 이 일은 에베레스트 등반처럼 한 번만 성공하면 되는 일인가, 아니면 수십 년간 계속 탁월해져야 하는 일인가? 어떻게 하면 탁월함을 유지하고 열린 생각을 가지며 뒤떨어지지 않을까?

- 탁월해지거나 계속 탁월함을 유지하는 데 필요한 도구는 무엇일까? 필요한 도구에 접근하는 방법은 무엇일까?

- 다른 사람으로부터 어떤 지원이 필요할까? 다른 사람의 도움 없이도 훌륭한 성과를 이루는 사람들도 물론 있지만, 혼자서는 탁월해질 수 없다는 게 정설이라고 보면 된다. 스승, 지원군, 조언가, 경제적 후원자, 친구와 연인, 관객, 신뢰할 수 있는 자문가 등이 필요하다.

재능도 기회도
내 마음대로 할 수 없다.
단, 무엇에 헌신할지는
내 마음대로 할 수 있다.

누구에게나 조력자가 필요하다

2009년 5월, 내가 처음 창업했을 때 미국의 경제 사정은 좋지 못했다. 다니던 컨설팅 회사에서 정리해고를 당한 뒤, 계속 일을 하려면 내가 스스로 일을 만들어서 해야 한다는 사실을 깨달았다. 그래서 '게일 골든 컨설팅'을 창업했다. 나는 두렵고, 상처를 입었고, 외로웠다. 하지만 놀라운 일이 벌어졌다. 모르다시피 한 사람들이 내게 도움의 손길을 내민 것이다. 시카고 번화가에 무료로 사무실 공간을 내어주고, 마케팅에 관해 귀중한 조언을 해주고, 필요한 사람을 연결해주었다. 내 헤어 스타일리스트마저도 내가 자립할 때까지 커트 가격을 반만 받겠다고 했다. 내가 어리석은 선택을 할 때 옛 동료 메이지는 "두려움 속에서는 제대로 된 결정을 내릴 수 없어"라고 조언해주었다. 나는 메이지의 현명한 충고를 따라 다른 데 눈 돌리지 않고 결국 내 회사를 설립할 수 있었다.

몇 달 지나지 않아 고객들이 생기고 사업이 순항하기 시작했다. 10년이 넘게 지난 지금 회사는 존 블레트너가 내게 알려준 세 가지 질문으로 봤을 때 아주 성공적이라고 할 수 있다. 나는 이 일을 잘하는가? 이 일이 즐거운가? 이 일로 돈을 버는가? 이 세 질문에 모두 자신 있게 그렇다고 대답할 수 있다. 미래가 어둡고 불안하던 시기에, 그리고 그 이후로도 계속해서 나에게 놀라울 정도로 관대함을 베풀어준 사람들이 없었다면 나는 지금 이 자리에 없을 것이다.

그 사람들은 선행을 베풀었다. 안다, 상투적인 말이란 것을. 하지만 그때 사람들이 내게 보여준 행동을 설명할 길은 그것밖에 없다. 선행 베풀기는 우리 회사의 가장 기본적인 가치 중 하나가 되었다. 아이들 진로 상담이 필요하다고요? 좋아요. 소규모 창업을 하는 데 조언이 필요하다고요? 네, 알려드리겠습니다.

오해는 하지 말길 바란다. 대부분은 내가 하는 일에 대해서 후한 대가가 따라온다. 내가 하는 일을 전부 무료로 해줄 수는 없다. 그건 당신도 마찬가지일 것이다. 하지만 다른 사람들의 엄청난 도움 없이는 여기까지 올 수 없었다. 따라서 나도 다른 사람에게 똑같은 선행을 베풀 의무가 있다.

탁월함의 기준을 세워라

탁월함을 탐구하는 과정에서 마지막으로 고려할 사항이 있다. 탁월함을 어떻게 측정할 수 있을까?

그러려면 나에게 있어 탁월함이란 어떤 것인지 명확히 해두어야 한다. 마라톤 대회에 백 번 출전하는 것인가? 백만 달

러를 버는 것인가? 잡지 표지에 등장하는 것인가? 청년들에게 일하고 사랑하는 법을 전도하는 것인가? 하나님의 사랑을 경험하는 것인가? 탁월함에 전념하기 위해서는 그것을 마침내 이루었을 때 어떤 모습을 하고 있는지에 대한 비전이 있어야 한다.

탁월한 삶을 살기 위해서는 먼저 어디에 집중할지 올바른 기준을 세워야 한다. 제시의 이야기를 들려주겠다. 대형 로펌에서 시니어 변호사로 일하는 제시는 파트너 변호사가 되기 위해 열심히 일했다. 제시의 목표는 회사에서 훌륭한 고객 서비스를 제공하고 조직의 성공에 기여하며 권위와 영향력을 지닌 유능한 리더가 되는 것이었다.

파트너 변호사가 되기 위해서는 회사를 위해 새로운 일거리를 가지고 오거나 기존의 고객을 확장해야 했다. 그는 대인관계에서 매우 매력적이고 활력 넘치는 자신만의 무기가 있었으며 업무 네트워크를 형성하는 것을 즐겼다. 그가 지역 단체에서 활발하게 활동하는 모습을 지켜본 동료들은 혀를 내둘렀다. 하지만 문제가 있었다. 제시는 자신의 네트워크를 최대한 넓히는 데 모든 에너지를 쏟고 있었다. 행사에서 얻게 된 새로운 연락처 개수를 성공의 척도로 삼았기 때문이다. 그 기준은 그의 목표와 아무런 상관이 없었다. 그보다 연락처의 질적인 측면, 즉 그 사람들이 회사에 일감을 가져다줄지 말지가 관건이 되어야 했다. 코칭을 받은 제시는 자신이 기준 설정을 잘못해서 경로를 이탈했다는 사실을 깨달았다. 그는 빠르게 자신의 네트워크 전략을 수정했고, 2년 뒤에는 파트너 변호사로 승급했다.

탁월해질 시간을 충분히 주는 것 또한 중요하다. 내 고객 상당수는 자신과 남에게 극도로 비판적이며 쉽게 만족하지 못하는 성향을 가지고 있다. 하는 일마다 항상 탁월해야 한다고 고집을 부리면 새로운 일을 시도하기 힘들다. 이제 막 배우기 시작한 일을 아주 잘해낼 수는 없다.

안드레가 좋은 예다. 안드레는 내가 지금까지 코칭한 중역 중에서 가장 인상 깊은 젊은 리더였다. 잘생기고 똑똑하고 달변가였다. 조용히 뿜어 나오는 자신감으로 본래 나이보다 중후해 보였다. 뛰어난 해결사에다 사람들을 흡입력 있게 통솔했다.

내가 안드레를 만난 건 그가 글로벌 제조회사 A 컴퍼니에서 높은 잠재력을 보유한 리더로 각광받을 때였다. 그는 곧 승진했고 눈부신 성과를 냈다. 하지만 그는 야심이 컸고 A컴퍼니 안에서는 앞으로 자신이 가고 싶은 방향이 보이지 않았다.

A컴퍼니의 컨설팅 계약이 끝나고 몇 년 뒤 나는 안드레가 내가 새롭게 컨설팅하게 된 B컴퍼니의 고위 간부직 후보에

올랐다는 소식을 들었다. 나는 안드레를 후보로서 평가해달라는 부탁을 받았고 자신 있게 그를 추천했다. 안드레의 채용이 결정되고 나는 그의 역량 코칭을 맡게 되었다.

안드레를 다시 만났을 때 그는 A컴퍼니에 있을 때보다 훨씬 유능해졌고, 성공이 머지않아 보였으나 문제가 있었다. B컴퍼니는 A컴퍼니와는 아예 다른 산업이었다. 안드레가 A컴퍼니에서 쌓은 경험이 새로운 보직에 도전할 수 있게 도움을 준 건 사실이지만 새로운 산업에 대해 배워야 할 것들이 아직 너무 많았다. 이전 직장에서만큼 두각을 나타내기 위해서는 시간과 노력을 들여야 했다.

다행인 것은 새로운 체제를 배우는 데 필요한 시간의 중요성을 안드레가 정확히 이해했다는 것이다. 그는 자신의 조급함과 자아비판적 성향을 효과적으로 다스리는 법을 배웠고 얼마 지나지 않아 B컴퍼니에서 강력한 권한을 지닌 리더가 되었다. 몇 년 뒤 그는 자신이 꿈꾸던 C컴퍼니의 중역 역할 제의를 받았고, 그곳에 가서도 크게 성장할 수 있을 때까지 시간을 들였다.

탁월해지기까지 충분한 시간을 들여야 한다는 것은 실로 대단히 중요하다. 또한 그때를 알고 한발 물러나는 것도 그만큼 중요하다.

고등학교에 이미 정점을 찍은 사람들을 알고 있을 것이다. 미식축구팀 주장이나 프롬킹(미국 고등학교 졸업 파티에서 최고의 인기남으로 선발된 남학생-옮긴이)을 했던 사람 중에 지금까지도 그 영광에 기대어 사는 사람이 있다. 내 주위에도 수많은 작가와 교수가 여전히 수십 년 전에 이룬 자신들의 중요한 업적에 대해 말한다. 이미 지나간 영광을 붙들고 산다면 자신의 그림자가 되어 때로는 사람들이 측은하게 여기는 존재로 전락하게 될 것이다.

그렇다면 어떤 대안이 있을까? 과거의 성공과 성과를 자랑스럽게 여기되, 새로운 것으로 옮겨 가라. 위대한 작곡가 리처드 로저스가 작사한 노랫말 중에 '자신이 지금까지 들었던 가장 달콤한 소리는 아직 자신의 머릿속에 있다'라는 가사가 있다. 그는 자신의 오래된 히트곡만 연주하지 않는다. 그는 자신의 머릿속에 있는 '가장 달콤한 소리'를 끄집어내서 종이에 옮기는 작업을 멈추지 않는다.

몇 년 전 나는 미국심리학회가 주관한 회의에서 B. F. 스키너의 강연을 듣는 멋진 경험을 했다. 행동심리학의 거장인 동시에 대단한 영향력을 지닌 사상가이자 연구자인 그는 자신의 탁월함을 이미 충분히 세상에 보여줬다. 하지만 그는 강연에서 자신이 겪었던 고충에 대해 입을 열었다. 얼마 전 흥미로운 주제로 논문을 작성했는데 알고 봤더니 수년 전에 이미 같은 논문을 썼다는 사실을 알고 충격을 받은 것이다. 그는 나이가 들면서 자기 복제를 할 위험이 커졌다는 사실을 깨달았다고 했다. 그래서 그는 어떻게 했을까? 또다시 같은 실수를 반복하는 일이 절대 일어나지 않도록 완전히 다른 심리 분야를 연구하기 시작했다. 그것이야말로 탁월함이다.

더 이상 할 일을 미루지 마라

당신이 선택한 탁월해지는 목표가 무엇이든 열심히 노력해서 이룩해야 한다. 내게 정말로 중요한 활동을 열정적으로 추구하면 즐겁고 행복할 수 있다. 하지만 그 여정이 늘 즐겁기만 한 것은 아니다. 내가 원하는 곳으로 가기 위해서 본질적으로 만족스럽지 않은 일을 해야 할 때는 에너지 소모가 크고 지친다.

데이비드는 독자적으로 일하는 예술가였다. 그는 자기 일을 사랑했고 탁월함의 필수 요소인 재능, 기회, 헌신 모두를 충족하고 있었다. 하지만 다른 사람으로부터 피드백이나 격려를 받는 일 없이 대부분 홀로 일했다. 작품에 집중하기가 힘든 날이면 신문을 읽고, 부엌에 가서 군것질거리를 찾고,

웹서핑을 하고, 미뤄두었던 집수리를 하고, 옛 친구에게 이메일을 보내고, 다시 군것질하고, 필요한 도구를 주문하고, 다시 웹서핑을 했다. 무슨 말을 하려는지 이해했을 것이다.

에너지 분배에 관해 이야기를 나누던 중 그가 내게 물었다. "미루는 습관은 어떻게 해야 하죠? 어떻게 하면 원하지 않을 때도 일할 수 있을까요?"

즉 '미루지 않는 습관'을 형성하려면 어떻게 해야 할까?

좋은 소식은 심리학자들이 그동안 사람들에게 동기를 부여하는 법에 대해 많은 연구를 해왔다는 사실이다. 그 연구들은 보통 타인에게 동기를 부여하는 법을 다루지만, 스스로 동기 부여를 할 때도 같은 방식을 적용해볼 수 있다.

효과가 증명된 몇 가지 방법을 소개하자면 다음과 같다.

- 보상과 징벌
- 작업 쪼개기
- 목표 시각화하기
- 공개적으로 선언하기
- 루틴 만들기
- 자기 규제하기
- 학습목표 지향하기
- 비생산적인 습관 저지하기

이제 하나씩 자세히 살펴보자.

보상과 징벌

심리학은 1900년대 초반부터 과학으로서 존재했지만, 급성장이 이뤄진 것은 제2차 세계대전 이후다. 100년 남짓한 기간 동안 심리학자들이 인간의 행동을 분석하면서 발견한 이론 중에 한결같은 사실이 있다. 어떤 사람이 무엇을 더 많이 하게 만들려면, 그 일을 했을 때 보상을 해야 한다는 것이다. 자세히 들여다보면 온갖 복잡한 변수들이 있다. 원하는 보상이 각자 어떻게 다르며, 보상은 어느 정도가 돼야 하며, 언제 보상을 할 때 가장 효과가 좋으며, 내적 보상과 외적 보상 중 어떤 것이 나은가 등이다. 확실한 것은 인간의 행동을 바꾸는 데는 보상이 가장 강력한 도구라는 점이다.

따라서 해야 할 일을 하기 위해 스스로 보상을 마련하는 것도 한 방법이다. 딴짓을 하지 않고 앞으로 90분간 힘든 일에 몰두하고 나면 쿠키를 먹거나, 산책하러 가거나, 팟캐스트를 듣거나 하는 식이다. 큰 프로젝트 하나를 끝내고 나면 금요일 밤에 나가서 술 한잔하면서 맛있는 식사를 하겠다는 식으로 말이다.

징벌도 행동에 영향을 준다. 하지만 보상의 효과보다 훨씬 약하다. 한 가지 목표를 세운 후에 그것을 달성하지 못할 시 자신이 혐오하는 단체에 상당한 액수의 돈을 기부한다는 사람들의 이야기를 들은 적이 있다. 누군가에게는 효과가 있을 수도 있다. 솔직히 말하면 나는 못 하겠다. 내 전문성과 개인적인 경험을 종합해봤을 때 보상을 택하는 게 여러모로 현명하다.

작업 쪼개기

때로는 할 일이 너무 벅차게 느껴질 수도 있다. 목표는 너무 멀리 있고 그곳에 도달하는 방법은 불가능해 보인다. 목표를 이루길 간절히 바라면서도 계속 나아가기가 점점 힘들어진다.

그럴 때는 작업을 작고 감당할 수 있는 덩어리로 쪼개는 것이 요령이다. 제일 먼저 할 일은 첫 번째 덩어리를 끝내는 것이다. 나머지 부분은 걱정하지 말자. 이 방법을 사용하면 일에 진전이 보인다는 생각이 들 것이다. 자선단체가 모금 진행 상태를 보여주기 위해 만드는 거대한 온도계 형식의 차트나 트레드밀에서 볼 수 있는 육상 트랙 이미지처럼 시각 자료를 만드는 것도 도움이 된다.

보상과 작업 쪼개기, 이 두 가지 전략을 한꺼번에 사용해서 성공한 사례가 있다. 내가 대학원에 다닐 때 이야기다. 당시 사용하던 교재 중 한 권이 읽기 정말 힘들었다. 가독성이 떨어지는 데다 글씨가 페이지를 빼곡하게 채우고 있었으며 무엇보다 내용이 지루했다. 과제로 여러 챕터를 읽어 가야 했는데 갖은 애를 써도 도저히 진도가 나가지 않았다. 결국, 자리에서 박차고 일어나 차마 여기 쓸 수 없는 말들을 내뱉었다. 그러자 남편이 다가와 무슨 일인지 물었고, 나는 어떻게 해도 과제를 해낼 수 없을 것 같다고 말했다. 그러자 남편은 잠시 책상에서 떨어져 휴식을 취하라며 현명하게 나를 이끌었다.

몇 분 뒤 다시 자리에 앉아 책을 읽기 시작했고 페이지를 한 장 넘기자 사이에 끼워져 있던 메모가 보였다. "당신, 잘 하고 있어, 이대로 계속하면 돼!" 나는 미소를 짓고 해당 페이지를 읽고 나서 다음 장으로 넘어갔다. 그러자 그곳에 또 다른 메모가 끼워져 있었다. "벌써 두 쪽을 봤네. 잘했어! " 내 사랑스러운 남편이 해당 챕터가 끝날 때까지 기운을 북돋아 주는 메모를 끼워놓은 것이다. 다음 메모를 보려면 한 페이지를 읽기만 하면 됐다. 나는 남은 챕터를 재빠르게 읽었고, 얼굴에선 미소가 떠나지 않았다.

목표 시각화하기

뛰어난 운동선수들과 협력하는 스포츠 심리학자들은 시각화 기법을 많이 사용한다. 그들은 운동선수들에게 도전에 성공하는 자신의 모습을 시각화함으로써 실력을 향상할 수 있다고 가르친다. 3점 슛을 마스터하고자 하는 농구선수는 공이 바스켓을 통과하는 모습을 상상하는 법을 배운다. 아이 스스케이트 챔피언은 트리플 악셀을 한 뒤 완벽하게 착지하는 모습을 상상한다.

미루는 습관과 힘겨운 싸움을 하고 있다면 자신이 성공하는 모습을 상상해보자. 각오를 다잡고 능숙하게 할 일을 끝낼 수 있는 방법 중 하나다.

공개적으로 선언하기

다른 사람에게 자신의 목표를 알리면 그 목표를 이루기 위해 노력할 가능성이 커진다는 사실을 증명하는 연구는 이미 너무 많다. 코칭이 효과가 있다는 근거가 되기도 한다. 코치에게 하겠다고 한 일에 책임을 져야 하기 때문이다. 또래 집단도 비슷한 효과를 낸다. 친한 친구 한 사람에게 말하든, 전세계로 방송을 하든, 목표를 공개할수록 끝까지 버티는 데 도움이 된다.

좋은 예가 바로 이 책이다. 처음 책을 쓸 때는 비밀로 했다. 내가 정말로 해낼 수 있을지 확신도 없었고 내가 진정으로 하고 싶은 일인지도 잘 몰랐다. 그래서 아무에게도 말하지 않고 혼자 글을 썼다. 하지만 확신이 생긴 뒤에는 모든 이들에게 말했다. 이미 강력한 내부적 동기가 있었지만, 친구와 동료에게 책을 쓴다는 사실을 알리고 나자 글쓰기에 더욱 전념하게 되었다. 나 자신에게도, 다른 사람들 눈에도 입만 산 사람이 되고 싶지 않았던 것이다.

루틴 만들기

심리학자들이 개발한 '자아고갈'이라는 이론이 있다. 우리의 모든 행동 양상을 통제하는 자원 풀pool에 한계가 있다는 주장이다. 자제력을 발동해야 하는 상황, 즉 하고 싶지 않은 일을 해야 하거나 좋아하는 일을 그만두어야 하는 상황이 올 때마다 자원 풀이 미세하게 줄어든다. 자원 풀이 완전히 고갈되고 나면 행동을 제어하기가 더욱 힘들어진다는 논리다.

이 문제를 해결할 수 있는 한 가지 방안은 강력하고 생산성 있는 습관이나 루틴을 개발하는 것이다. 예를 들면, 매일 아침 일어나자마자 체육관에 가는 것이다. 혹은 일을 시작하고 처음 한 시간은 글쓰기를 하는 것이다. 이메일 확인이나 친구들과 수다를 떨지 않고 오로지 글쓰기만. 강력한 습관을 형성하고 나면 자원 풀에서 끌어 쓸 필요가 없어진다. 그러면 이 순간 내가 정말로 하고 싶은 일, 즉 침대에 계속 누워 있기, 혹은 출근해서 한 시간 동안 게임하기 등을 하지 않고 옳은 일을 하도록 자신을 설득하는 데 에너지를 쓰지 않아도 된다. 강력한 습관이 형성되면 행동은 자동적으로 따라오기 때문에 에너지가 절약되고, 결정을 통제하는 게 더 쉬워지고, 할 일에 집중할 수 있게 된다.

자기 규제하기

18세기 작가 빅토르 위고는 끈질기게 자신의 원고를 끝까지 검토한 것으로 알려져 있다. 그는 술집에 가서 친구들과 술 마시는 것을 좋아했는데 너무 심취한 나머지 일에 지장을 줄 정도였다. 하지만 그는 '사회적인 자기 규제' 기술에 숙달되어 있었기 때문에 글쓰기 과정이 지루할 때도 의욕을 잃지 않을 수 있었다. 예를 들면, 집중이 필요할 때 그는 시종을 불러 원고를 다 쓸 때까지 술집에 입고 가는 옷을 절대 내주지 말라고 시켰다. 당연히 친구들과 떠들고 놀기 전에 원고를 완성했을 것이다.

슬프게도 오늘날 시종이 있는 사람은 거의 없다. 그래도 사회적인 자기 규제를 활용할 수 있다. 나는 단 걸 아주 좋아하는데, 심하게 살이 찌지 않기 위해서는 초콜릿을 절제해야만 한다. 하지만 단번에 끊고 싶진 않다. 그래서 초콜릿 한 상자를 사면 남편에게 주면서 숨기라고 한다. 내가 원할 때마다 하나씩 주되 하루에 하나 이상은 주면 안 된다고 한다. 실제로 이 방법은 효과가 좋았다. 광포하게 돌변해서 한 번에 열두 개씩 먹지 않으면서 초콜릿을 즐길 수 있게 되었다.

학습목표 지향하기

심리학자들은 목표에는 학습목표와 수행목표라는 두 가지 목표가 있다고 주장한다.

학습목표는 여정을 중요시한다. 예를 들면 회사에 적용해볼 새로운 영업 방식을 배우고 싶다거나, 자녀들에게 강한 성취욕을 심어줄 수 있는 학부모가 되는 법이 궁금할 때다.

수행목표는 목적지를 중요시한다. 올해 매출 목표를 백만 달러 이상으로 잡는다든지 내 자식이 명문대학에 입학하길 바란다든지 하는 식이다.

물론 성공하려면 두 가지 형식의 목표가 모두 필요하다. 하지만 수행목표에만 과도하게 집중하면 부정적인 영향을 받을 수 있다. 특히 새로운 기술이나 지식을 습득할 때 그렇다. 결과에만 과도하게 집중하면 '나는 좀 더 연습이 필요해' 대신 '난 이 일에 소질이 없어'라고 말할 가능성이 크다. 결국 쉽게 낙담하게 되고 포기하게 된다. 하지만 배운다고 마음을 먹으면 부정적인 피드백도 정보가 된다. 목표에 도달하기 위해 효과적인 전략을 찾는 데 더욱 집중하게 된다. 그 결과 장애물과 걸림돌에 맞닥뜨려도 끈질기게 해나갈 수 있게 된다.

비생산적 습관 저지하기

앞에서 생산성 있는 루틴과 습관을 형성하면 의사 결정 과정이 짧아지고 에너지 소비를 줄일 수 있으므로 효율성이 올라간다고 썼다. 비생산적인 습관도 동일한 방식으로 작동한다. 이 습관 또한 무의식적으로 일어나기 때문에 내가 그런 행동을 하는지도 인식하지 못할 때가 많다. 따라서 가장 먼저 의식을 발달시켜야 한다. 예를 들면, 나는 이 책을 집필하며 이메일이 도착할 때마다 글쓰기를 멈추고 열어보곤 했다. 대부분은 중요하지 않은 메일이라서 시간 낭비였다. 가끔 중요한 메일이 도착해서 읽고, 의사 결정을 하고, 때에 따라 답장을 쓴 뒤 원고로 돌아가면 사고회로가 끊어져서 쓴 글을 얼마간 다시 읽으며 연결해야 했다. 이 행위는 생산성을 떨어뜨렸고, 정해놓은 시간 안에 내가 원했던 만큼 진도를 나가지 못해 짜증이 났다. 조심하지 않으면 의욕이 꺾이고 미루기 시작하거나 아예 프로젝트를 포기할 것 같았다.

일단 비생산적인 습관을 인식하면 도중에 저지하는 것이 해답이다. 예를 들면 인터넷을 연결하지 않은 컴퓨터에서 작업하거나 이메일 알람을 꺼놓으면 된다. 아니면 이메일을 확인하고 싶을 때마다 큰 소리로 나 자신에게 "안 돼!"라고 소리치면 된다. 핵심은 그 행위의 무의식적인 측면을 저지해서 통제할 수 있게 만드는 것이다.

과감한 포기가 필요한 순간

자, 이제 미루기 습관을 해결할 수 있는 효과적인 전략들이 많다는 것을 알게 되었을 것이다. 미루기에 관해 마지막으로 덧붙이고 싶은 말이 있다. 대부분의 경우에 미루기는 자신을 파괴하는 방식 중 하나이며, 탁월해지기 위해서는 게으르고, 회피하려는 성향을 이겨낼 방법을 찾아야 한다. 하지만 미루는 행위가 중요한 정보를 제공할 때도 있다. 예를 들어보겠다.

나는 2년 전에 책을 쓰기로 결심했다. 우리 회사를 홍보하기에 좋은 주제를 생각해보고, 개요를 잡은 뒤 해당 주제를 심도 있게 조사해줄 연구원도 고용했다. 그런데 결심을 하고 난 뒤 4개월이 흘렀지만 한 글자도 쓰지 못했다. 마음을 다잡고 책 쓰기에 전념하기 위해 노력했지만 왠지 그렇게 할 수가 없었다.

나는 본래 자기 관리를 잘하고 집중력도 높은 편이었기에 이상한 일이었다. 그 이유에 대해 곰곰이 생각하고 나서 깨달았다. 나는 나에게 맞지 않는 책을 쓰려고 하고 있었다. 내가 원하는 책이 아니라 써야 한다고 생각한 책을 쓰려고 한 것이다. 내가 정말 쓰고 싶었던 글은 완전히 다른 내용이었다. 결국은 나의 경험을 토대로 인생을 잘 만들어가는 방법에 관한 자기계발서를 쓰고 싶었던 것이다.

이 책이 우리 회사에 도움이 될까? 잘 모르겠다. 하지만 전과는 다르게 기꺼운 마음으로 성실하게 집필 중이며 항상 책 생각만 한다.

미루는 버릇을 막는 온갖 방법을 써도 처음에 쓰려고 했던 책은 아마 절대 쓰지 못했을 것이다. 썼다고 해도 읽을 가치가 없는 책이 되었을 가능성이 높다. 때로는 미루는 행위가 잘못된 일을 하고 있다는 사실을 깨우쳐주기도 한다.

다시 강조하지만 어린 시절 체득한 방법들이 우리를 잘못된 방향으로 이끌 수 있다. '항상 최선을 다하라'라는 말과 마찬가지로 '절대 포기하지 마라'라는 말도 끔찍한 덫이 될 수 있다. 맡은 일에 최선을 다하고 끈기 있는 성격은 분명 미덕이다. 하지만 때로 내가 정말 싫어하는 일과 내가 절대로 잘할 수 없는 일을 포기하는 것은 무엇보다 현명한 선택이 될 수 있다.

또 다른 관점으로 보는 방법은 내가 경험하는 고통의 정도를 측정하는 것이다. 편안함을 느껴도 괜찮다. 나는 편안함이 잘못됐다고 생각하지 않는다. 하지만 탁월한 삶을 살기 위해서는 때로는 편안한 영역에서 벗어나야 한다. 힘들고, 두렵고, 괴롭고, 짜증 나고, 당황스러운 일도 해야 한다. 타성에서 헤어나지 못하면 탁월해지기 힘들다.

그게 내가 경영대학원에 진학한 이유다. 나는 심리학이라는 울타리 안에서 매우 편안했다. 존경받는 전문가였으며 자신 있게 내 전공에 관해 이야기할 수 있었다. 울타리 안에서 나는 나와 동일한 방식으로 세상을 바라보는 동료들과 시간을 보냈다. 경영대학원에 진학한다는 결정을 내렸을 때 앞이 캄캄했다. 이미 노련한 회사 중역들과 한 강의실에 있어야 했고 함께 수업을 듣는 사람 중에서 심리학자는 나 혼자였다. 학생들 중 80퍼센트는 남성이었으며 대부분 나보다 나이가 어렸다. 게다가 금융, 회계, 마케팅, 글로벌 전략처럼 내가 아예 모르는 분야의 수업을 들어야 했다.

첫 수업을 들으러 강의실에 들어갈 때 나는 잔뜩 겁을 먹었다. 동급생들이 나보다 경영학에 대해 더 잘 안다는 사실 외에도 그들은 거의 'A타입' 성격이었기 때문이다(A타입인 사람들은 경쟁심이 강하고, 공격적이고, 야심 있고, 참을성이 부족하고, 대단히 체계적이며, 시간관념이 투철한 것으로 묘사된다). 작은 집단에서는 보통 선천적인 리더가 빨리 출현해 주도권을 잡는다. 경영대학원에서는 거의 모두가 선천적인 리더였다. 그 자리가 얼마나 불편했던지 물 밖에 던져진 물고기가 된 것 같았다.

이윽고 나는 사람들 사이에서 내 자리를 찾았고 2년의 대학원 과정은 흥미진진하고 재미있게 흘러갔다. 입학할 당시에는 전혀 상상도 하지 못했던 시간들을 보냈다. 내가 초반의 낯섦과 불편함을 참지 못했다면, 이렇게 만족감을 주는 이 일을 절대 추구하지 못했을 것이다.

내 에너지가 쓰여야 할 곳

이제 내가 가장 좋아하는 일화로 꼽는 탁월한 인생을 산 사람들의 이야기를 하며 이 장을 마치고자 한다. 먼저 아들 조시가 들려준 이야기다. 일본 북부에 있는 스키 마을로 여행을 떠난 조시는 그곳에서 손으로 메밀국수를 만드는 남자를 관찰할 기회가 있었다. 조시는 남자가 반죽을 치대고 굴리고 나서 특별한 칼로 국숫발을 하나하나 써는 것을 흥미롭게 지켜보았다. 남자는 놀라운 집중력과 일관성, 기술로 매일매일 완벽한 국수를 만들었다. 그는 일본은커녕 그 마을에서도 이름난 유명인이 아니었다. 그저 탁월한 제면사였을 뿐이다.

두 번째는 LA에 있는 왓츠타워Watts Towers 이야기다. 처음 왓츠타워를 본 사람들은 자신의 눈을 믿지 못한다. 차를 타고 미국에서 가장 음울한 도시 중 하나로 꼽히는 LA의 왓츠 지역을 지나가면 지평선을 배경으로 우뚝 서 있는 아름다운 철

골 구조물이 보인다. 뜬금없고 비현실적으로 보이기까지 한다. 그런데 가까이 다가가보면 구조물 전체가 기괴한 모자이크로 덮여 있는 것을 알 수 있다.

왓츠타워는 전 세계에서 가장 거대한 1인 예술 작품이다. 작은 체구의 이탈리아 출신 이민자 사이먼 로디아가 혼자서 만들었다. 그는 문맹에 건설 노동자로 일했다. 그러던 어느 날 '큰일을 해보자'라는 생각으로 왓츠 기차역 인근의 작은 땅을 사들였다. 그 뒤 33년간 그는 쉬는 시간을 몽땅 기둥을 만드는 데 썼다. 작업하면서 비계도, 전동 공구도, 용접 도구도, 볼트도 사용하지 않았다.

왓츠타워는 여러 방면에서 혁신적이다. 어떤 정신 나간 사람이 기괴하고 쓸모없는 것을 만들어내는 데 33년이라는 시간을 투자할까? 그런데 달리 생각하면 정말 놀라운 업적이다! 로디아는 큰일을 하고 싶었고, 그걸 해냈다. 기둥은 아름다운 자태를 뽐냈고, 영감을 받는 사람들이 생겨났다.

또한, 로디아는 예술가라는 선입관에도 도전장을 내밀었다. 그는 교육도 제대로 받지 못했고 따로 예술 교육을 받은 적도 없었다. 가난한 타일공이 폐자재를 이용해서 거대하고 유일무이한 작품을 만들어낸 것이다. 그렇다면 그의 비전은 어디서 온 걸까?

왓츠타워는 열정, 비전, 넓은 사고, 끈기, 집중, 그리고 집착이 무엇을 이뤄내는지 여실히 보여준다. 우리 중에서 그런 열정과 놀라운 일을 만들어낼 기회를 갈구하는 사람이 얼마나 될까? 우리 안에 잠들어 있는 사이먼 로디아를 찾기까지 좀 더 많은 시간이 걸릴지도 모르겠다. LA에 가볼 기회가 있다면 꼭 왓츠타워를 방문해보길 바란다. 그 경험이 당신을 바꿀 것이라고 확신한다.

당신의 탁월함은 살아가면서 바뀐다. 스물다섯 살과 일흔다섯 살 때 탁월해지기로 선택한 일은 서로 다를 수밖에 없다. 따라서 탁월한 삶을 선택하고 살아가는 과정을 되풀이해야 한다.

에너지 큐레이션의 궁극적인 목표는 나만의 탁월함을 선택한 뒤 그것을 추구하는 것이다. 곤경에 처한 아이에게 도움의 손길을 내밀든, 끝내주는 국수를 만들든, 영감을 주는 경영자가 되든, 찾아서 실행해라. 당신의 에너지가 쓰여야 할 곳은 바로 그곳이다.

루틴을 만들면
의사 결정 과정이 짧아지고
에너지 소비를 줄일 수 있으므로
효율성이 올라간다.

5

집은 에너지를
얻는 공간이 되어야 한다

에너지 큐레이션에 성공한 가정은 어떻게 다를까? 많은
사람이 상대방의 요구를 들어주고, 또 나 자신을 돌보는 데
얼마큼의 에너지를 소모할 것인지 선택하며 에너지 분배를
시작한다. 관계의 초반에는 상대방 곁에 머물고 상대방이 요
구하는 모든 것을 할 태세를 갖춘다. 하지만 시간이 지나면
서 열정은 조금씩 가라앉게 마련이다. 초반에는 함께 캠핑을
가도 괜찮았지만 이제는 주저한다. 예전에는 파트너와 함께
'여자들 영화'를 보러 가도 괜찮았지만 이제는 그런 영화를
한 편이라도 더 봐야 한다면 차라리 포크로 눈을 찌르는 게
낫다고 생각할지도 모른다. 에너지 관리도 점점 힘들어진다.
상대방이 좋아하는 일을 함께하는 것이 얼마큼 중요한가? 나
만의 욕구와 선호를 얼마큼 우대할 것인가?

거듭 말하지만, 정답은 하나가 아니다. 여러 가지 선택을 인지하고, 그에 대해 대화를 나누고, 의식적으로 고르는 일은 중요하다. 몇 년 전 나는 내가 정말로 하고 싶지 않은 활동에 때때로 동의하고 있다는 사실을 깨달았다(대개, 남편은 좋아하지만 나는 좋아하지 않는 수상 스포츠다). 나는 남편의 취미 생활에 따라나서곤 했지만 항상 기분이 좋지 않았다. 나의 소중한 에너지를 잘못 사용하고 있었던 것이다. 이 패턴을 인지하고 난 뒤 나는 나 자신과 약속을 했다. 보트를 타기로 했으면 불평 없이 온 마음을 다해 즐기되, 그렇게 할 수 없으면 거절하기로. 그리고 내가 가고 싶지 않을 때 남편이 다른 사람들과 보트를 타러 가도 상관하지 않기로. 나는 그런 다짐을 한 뒤 자존감이 높아졌고 아마 남들도 그런 내가 더 견디기 쉬워졌을 것이다.

때로는 갈등에 에너지를 써야 한다

관계에 쓰는 에너지를 생각할 때 유의할 점은 싸움의 기술이다. 과거에 심리치료사로 일하며 나는 부부 상담을 통해 이 문제를 수도 없이 봐왔다. 누가 쓰레기를 내다 버리는가 하는 문제 같은 것 말이다. 상대적으로 중요도가 덜하며 쉽게 협상

할 수 있는 문제로 죽을 때까지 싸우는 부부도 있다. 아니면 아이를 가지느냐 마느냐와 같이 중대한 문제에서 의견 불일치로 대화를 아예 회피하는 사람들도 있었다. 한 사람은 싸움을 즐기고 한 사람은 갈등을 회피하는 부부도 있었다.

이 모든 패턴은 기질과 인생 경험에서 촉발된다. 따라서 패턴을 변화시키고 완화하면 행복하고 생산적인 관계로 발전할 수 있다.

그러나 대부분의 부부 관계에서 이러한 문제는 해결하기가 정말 어렵다. 우리 중 상당수에게는 제대로 된 롤모델이 없었다. 사소한 의견 충돌이 발생하면 악다구니를 쓰는 가정에서 자랐을 수도 있고 육체적, 정신적 학대가 벌어지는 가정에서 자랐을 수도 있다. 아니면 감정적인 통제가 심해서 어떤 갈등도 허용하지 않는 가정에서 자랐을지도 모른다.

사람마다 싸움의 방법과 빈도에 대해 느끼는 감정이 다르다. 당신과 배우자가 싸움의 규칙이 서로 비슷한 가정에서 자랐다면 운이 좋다고 할 수 있다. 대단한 규칙이 아니더라도 적어도 상대방이 어느 별에서 왔는지는 알 수 있으니까. 갈등을 해결하는 훌륭한 방법은 악다구니와 냉랭한 침묵 사이 어딘가에 있다는 사실을 명심해라.

이럴 때는 자기인식이 도움이 된다. 에이지아가 좋은 예다. 아이들이 한창 어리고 에너지를 최대한으로 끌어 써야 했던 시절에 그녀는 남편에게 걷잡을 수 없이 화가 난 적이 많았다. 남편이 얼마나 무용지물이며 남편 노릇을 좌시하는지, 왜 당연한 듯 받기만 하는지 왜 더러워진 그릇을 싱크대에 던져놓기만 하는지 남편을 향한 불만이 속에서 차곡차곡 쌓여갔다. 때로는 화가 치밀어 올라 남편을 버리고 떠나는 상상까지 했다.

그러던 어느 날 문득 깨달았다. 마구 화가 치솟는 것은 보통 저녁을 준비하는 초저녁에 일어난다는 사실이었다. 밥을 다 먹을 때까지 기다리면 화난 감정은 대체로 가라앉았다. 에이지아는 자신뿐만 아니라 많은 사람에게서 동일한 패턴이 발생한다는 것도 알게 됐다. 요즘에는 '행그리hangry'('화가났다'는 뜻의 angry와 '배가 고프다'는 뜻의 hungry의 합성어-옮긴이)라는 말도 있다. 그래서 그녀는 어떤 일로 남편과 대립하기 전에 먼저 저녁 식사를 끝낸다는 원칙을 세웠다. 그 뒤에도 여전히 화가 나 있다면 보통 그것은 담판을 지어야 하는 중요한 문제일 것이다. 하지만 대부분은 저녁 식사가 끝나면 왜 그렇게 분노가 치밀었는지 까맣게 잊어버리곤 했다.

나는 고객들에게 직장에서든 집에서든 안 좋은 감정이 갈등으로 번지기 전에 잠시 기다려볼 것을 권한다. 화는 우리의 화를 돋우는 사람의 형편없음과 무관하게 주변의 다른 요소로 인해 과장되는 경우가 너무나 많다. 물론 너무 심각하고 다급한 문제라 그 자리에서 부딪혀야 할 경우도 있지만 보통은 잠시 멈추면 갈등 해결에 도움이 된다. 며칠, 단 몇 분이라도 좋다. 참을 수 있을 때까지 참아보는 것이다. 이후에도 화가 풀리지 않는다면 대립이 필요한 중요한 문제라는 뜻이다. 싸움을 하기로 했다면 효과적으로 싸울 수 있는 싸움 규칙들이 있다. 하지만 그건 다른 책에서 다룰 주제다. 여기서는 당신이 싸움에 대응하는 세 가지 방법에 관해 이야기하겠다. 첫째, 그냥 떠나보내거나 둘째, 언급은 하되 크게 번지게 하지 않거나 셋째, 정면으로 대립하는 것이다.

몇 년 전에 나는 랍비 선생님이 좋은 기억과 대비되는 좋은 '잊음'의 중요성에 대해 설교하는 것을 들은 적이 있다. 만일 당신이 어떤 일을 그냥 흘려보내기로 마음먹었다면 그렇게 해야 한다. 그렇게 할 수 없다면 그것은 대립할 만큼 중요한 문제일 수도 있다.

인생에서 엄청난 에너지가 필요한 시기

결혼은 그 자체만으로 충분히 복잡하다. 그런데 우리는 그 복잡함을 완전히 다른 차원의 복잡함으로 끌어올린다. 자녀

이야기다. 내 경험에 비추어 봤을 때, 좋았던 부부 사이는 아이가 생기면서 나빠진다. 문제가 있는 부부 사이에 아이가 생기면 관계는 끝장나기 쉽다. 냉소적으로 하는 이야기가 아니다. 나는 아이가 생긴다는 것은 특별하고 멋진 모험이며 세상 그 무엇과도 바꿀 수 없는 경험이라고 생각한다. 하지만 절대 쉽지 않다.

에너지 큐레이션이라고 했는가! 집에 유아가 있으면 말짱 황이다. 그 녀석은 내가 줄 수 있는 모든 것을 가져가고 더 많은 걸 요구할 것이다. 그런 와중에 출근하고, 몸을 청결히 하고, 살림을 해야 한다. 앞서 언급한 대로 나는 목록에 집착하는 사람이고, 매일 무엇을 할 것인지를 목록으로 만든다. 첫 아이가 태어났을 때, 매일 아침 눈을 뜨면 목록을 작성했다. 일고여덟 개의 간단한 할 일을 목록으로 적었다. 하지만 하루 막바지에는 하나 반 정도를 겨우 끝내곤 했다. 그제야 한동안 목록을 그만 적는 것이 유일한 해결책이라는 사실을 깨달았다.

처음 부모가 된 사람들은 차차 필수적인 일을 끝내고, 수많은 불필요한 일을 제거하는 법을 터득한다. 하지만 여기 또 다른 중요한 문제가 있다. 거듭 말하지만, 성공적인 결혼 생활을 하려면 에너지 큐레이션을 통해 배우자의 욕구뿐만 아니라 나의 욕구도 충족해야 한다. 그리고 이제는 나와 배우자에 더

해 자녀들의 욕구를 돌보는 데도 활용해야 한다.

수많은 부부가 아이들에게 에너지를 과도하게 사용하고 두 사람의 관계에는 충분히 사용하지 않는 실수를 저지른다. 내 말을 오해하지 말기 바란다. 좋은 부모가 되는 것은 아주 중요한 일이며, 엄청난 양의 에너지가 소요되는 일이다. 하지만 부부 사이에 근본적으로 끈끈한 관계가 형성되어 있지 않으면 그 외 모든 일이 더욱 힘들어진다.

만약 결혼해서 아이가 있는 부부라면 부부 관계를 소홀히 하지 마라. 상대방을 챙기는 방법을 모색하고 그것을 목적으로 에너지를 할애해야 한다. 내 친구 서맨사에게 좋은 아이디어가 있었다. 그녀는 믿을 수 있는 베이비시터를 구한 뒤 매주 토요일 밤에 그를 고용했다. 베이비시터가 필요하건 필요하지 않건 간에 매주 주말 밤 일정한 시간 동안 비용을 지급했고, 베이비시터는 그녀의 가족을 위해 매주 토요일 밤을 비워두었다. 그 결과 서맨사 부부는 매주 토요일 밤이면 함께 외출했다. 멋진 공연이나 콘서트에 갈 때도 있고 집 앞에서 맥주를 마시기도 했다. 두 사람은 매주 토요일 밤에 서로에게 에너지를 쓴다는 것을 알고 있었고, 그로 인해 한 주가 정신없이 지나가도 버틸 수 있었다.

가족 구성원 모두가 행복하려면

아이들이 어릴 때는 에너지 큐레이션을 하기 힘들다고 생각하는가? 그 아이들이 청소년기가 되면 완전히 다른 상황이 펼쳐질 것이다. 결혼 생활 만족도를 조사한 연구에 따르면 부부는 일반적으로 아이가 생기기 전과 아이들이 집을 떠나고 난 뒤에 가장 행복하다고 한다. 많은 부부가 가장 힘들 때가 아이들이 청소년일 때다. 10대 아이들을 챙기는 일은 엄청난 에너지가 소모된다. 갈등도 많이 생긴다. 10대 청소년들의 성장기에 발생하는 문제는 부모 자신이 청소년기에 겪었던 문제를 떠올리게 한다. 10대 자녀들과 싸우는 부모님의 모습을 보면서 누가 청소년인지 헷갈리던 적이 어디 한두 번인가?

10대 자녀들 때문에 감정 소모가 너무 많을 때는 배우자를 무시하는 게 가장 속 편한 일이 된다. 부부 사이에 아이들 문제로 의견 충돌이 일어나면 두 사람 사이의 거리는 더 멀어진다. 다시 말하지만 부부 관계가 오랫동안 지속하길 바란다면 배우자와 끈끈한 시간을 함께 보낼 수 있도록 에너지를 조정해야만 한다. 말하긴 쉽고 실천하기는 어렵다는 것을 안다. 하지만 원만한 부부 관계가 당신에게 중요하다면 반드시 그에 따르는 큐레이션을 해야 한다.

10대 자녀를 둔 부모가 큐레이션할 때 또 한 가지 유의할 점은 자녀들이 자신의 에너지를 큐레이션할 수 있게 도와야 한다는 것이다. 오늘날 너무나 많은 젊은이가 과도할 정도로 많은 일에 치여서 산다. 10대 자녀에게 무자비한 기대를 거는 가정을 흔히 볼 수 있다. 그런 가정에서 자라는 아이들은 우수한 성적을 받아야 하고, 스포츠에 능해야 하고, 음악적 재능을 계발해야 하며, 봉사활동도 해야 한다. 해야 할 일은 끝이 없다. 자녀가 모든 방면에서 슈퍼스타가 되지 않으면 인생에서 성공할 수 없다는 부모님들의 불안에서 시작되는 일이다. 좋은 학교에 들어가지 못하면 좋은 직장에 들어갈 수 없고, 그럼 좋은 짝을 만날 수 없고, 그러면 낙오자가 된다는 논리다.

말도 안 되는 얘기다. 게다가 청소년들에게 아주 해롭다. 이러한 압박을 받는 아이들은 건강상의 문제, 알코올중독, 마약 남용, 심지어 자살의 위험에도 노출된다. 당연히 부모로서 자녀들의 성공과 발전을 원할 수는 있다. 하지만 에너지 큐레이션이야말로 장기적으로 생산적이고 행복해질 수 있는 필수적인 생활 기술이며, 그것을 어떻게 할지 가르치는 것이 부모의 역할이다. 아이들과 대화하며 가치와 꿈에 관해서 이야기를 나누어라. 무엇이 그들에게 가장 중요하며, 무슨 일은 중간 정도만 하면 되며, 어떤 활동은 지금은 잊어버리는 게 좋은지 명확하게 알 수 있게 도와줘라. 경우에 따라서는 아이들이 싫어하는 활동을 그만두게 하는 것도 좋은 결정이다. 혹여 그것이 부모의 꿈 일부를 포기하는 것이라고 할지라도.

로버트는 음악을 열렬히 사랑하는 집안에서 태어났다. 부모님의 바람대로 아주 어릴 때부터 뛰어난 음악적 재능을 보였고, 부모님은 그에 맞춰 최고의 선생님을 고용하고 집에서는 연습에 온 신경을 썼다. 10대 초반에 그는 전문 오케스트라와 협연해 독주회를 했고 고등학교를 마치고는 유명 음대를 졸업했다. 부모님은 그의 커리어를 지원하는 데 깊이 관여했다.

그러던 중 로버트는 연주를 멈췄다. 음악에 특별히 관심이 없고, 그가 뮤지션이 되길 원하지 않는 여자와 사랑에 빠진 것이다. 이를 계기로 그는 음악에서 한발 멀어졌는데 비로소 행복해졌다. 두 사람은 결혼했고, 그가 뮤지션을 포기한 것을 알게 된 부모님은 크게 실망하고 말았다. 부모님에게는 너무나 큰 의미였기 때문이다. 결과적으로, 그는 취미 삼아 연주는 했지만 다시는 전문적인 공연을 하지 않았다. 그는 내게 이렇게 말했다.

"나는 부모님이 내가 연주를 해야지만 나를 사랑한다고 생각했어요."

아마 그건 오해였을 것이다. 다른 부모님이 그러하듯 그의 부모님도 자식으로서 그를 사랑했을 것이다. 하지만 그가 그렇게 느낄 정도로 부모님과의 관계가 굉장히 어긋나버렸다. 부모님이 그의 음악적 성공에 과도한 투자를 하는 바람에 그는 성장하면서 자신의 길을 스스로 큐레이션할 기회를 얻는 게 불가능했을 것이다. 시간이 흘러서는 결국 자신을 위해 올바른 선택을 할 수 있었지만, 고통의 대가는 컸다.

우리 아이들에게 같은 우를 범하지는 말자. 아이들이 청소년이 되었다면 더욱더. 그보다도 아이들에게 자신의 열정에 어떻게 귀를 기울이고 자신의 탁월함을 어떻게 찾을 수 있는지 알려주자.

그러고 나면 '빈 둥지' 단계가 찾아온다. 내 아이들이 독립하기 전 이야기다. 우리 첫째와 동갑내기인 막내아들을 둔 실라라는 친구가 있었다. 실라는 내게 멘토 같은 존재였다. 나는 아이들이 독립한다는 생각을 하면 슬프고 두려워졌다. 그래서 안도감을 찾고자 실라를 찾아가서 이렇게 말했다.

"때가 되면 나도 아이들을 떠나보낼 준비가 돼 있겠지?"

하지만 당황스럽게도 실라는 울음을 터뜨렸다.

모든 부모가 자녀가 독립하고 나면 힘들어하는 것은 아니지만 나는 그랬다. 아이들이 성인이 되어 하나씩 집을 떠나갈 때마다 몇 달간 슬픔과 외로움을 견디기 힘들었다. 당연히 아이들이 성장해서 스스로 살아가길 바랐기 때문에 내가 바보처럼 느껴졌지만 아이들이 너무 그리웠다. 하지만 시간이 지나면서 조금씩 나아졌다. 아직도 아이들이 집에 오면 기쁘지만, 이제는 돌아가더라도 예전처럼 비탄에 빠지지는 않을 것이다.

사실 빈 둥지 단계는 오히려 내게 큰 도움이 되었다. 아이들에게 쏟던 에너지를 내 커리어가 새로운 단계로 나아가는 데 사용할 수 있었다. 남편과 나는 함께 보내는 시간을 더 자유롭게 누릴 수 있었다. 집도 큐레이션이 잘된 상태를 유지했는데 그건 정말이지 기분 좋은 일이었다.

집, 에너지를 충전하는 장소

이 장을 마치기 전에 확장된 가족 관계의 맥락에서 큐레이션을 이야기하고 싶다. 사람들은 대부분 핵가족보다 더 확장된 가족 관계를 친밀하게 유지하고 있다. 그러한 관계는 에너지와 기쁨의 원천이 될 수 있지만 에너지를 빼앗아가기도 한다. 큐레이션을 할 때 시어머니는 어디쯤 자리하는가? 건강이 좋지 않은 남동생은? 손주들은?

엘렌의 아이들이 아직 어렸을 때 그녀의 노쇠한 부모님은 도움이 점점 더 절실해지고 있었다. 엘렌과 약 한 시간 떨어진 곳에 살고 계셨는데 건강상 문제와 다른 위기 상황 때문에 엘렌에게 종종 도와달라는 요청이 왔다. 그래서 부부는 엘렌의 부모님을 모시기로 하고 집 두 채를 모두 팔아 모든 가족이 살 수 있는 더 큰 집을 사들였다.

사려 깊고 애정 어린 선택이었지만 부모님을 모시는 일은 쉽지 않았다. 엘렌과 가족들에게 익숙했던 일상적 루틴이 모두 무너졌다. 엘렌은 늘어난 가족 구성원 때문에 생기는 문제들을 관리하는 데 육체적, 정신적으로 부담을 느꼈다.

그녀의 절망감을 이야기하며 우리는 계산을 해보기로 했다. 엘렌이 남편과 두 아이와 살 때는 총 여섯 개의 관계가 존재했다.

- 엘렌과 남편
- 엘렌과 첫째 아이
- 엘렌과 둘째 아이
- 남편과 첫째 아이
- 남편과 둘째 아이
- 첫째 아이와 둘째 아이

엘렌의 부모님이 합류하면서 관계의 개수에는 어떤 변화가 생겼는가? 두 개가 늘어났을까? 아니, 무려 아홉 개다! 위여섯 개에 더해 다음이 더 늘어났다.

- 엘렌과 어머니
- 엘렌과 아버지
- 남편과 장모님
- 남편과 장인어른
- 첫째 아이와 할머니
- 첫째 아이와 할아버지
- 둘째 아이와 할머니
- 둘째 아이와 할아버지
- 엘렌의 어머니와 아버지

엘렌이 부담을 느낀 데에는 다 이유가 있었다. 노부모를 모시고 사는 것이 더 쉬워졌다고 말할 수는 없지만, 자신의 인생이 얼마큼 더 복잡해졌는지 깨닫고 인식하게 되면서 엘렌은 오히려 조금 느긋해졌고 가끔 자신이 원하는 일에도 에너지를 쓰기 위해 노력했다.

이 외에도 큐레이션의 원칙을 가정생활에서 어떻게 적용

할 수 있는지 다양한 사례들이 존재한다. 다시 한번 강조하지만, 큐레이션이란 중요한 일이 무엇인지 결정하고 에너지를 그곳에 사용하는 것이다. 그다지 중요하지 않은 일은 안 된다고 거절하고, 그 외 수많은 일은 보통 수준으로만 해내며, 탁월해지겠다고 선택한 곳에 온 힘을 다해 노력하는 것이다. 수많은 가정이 갈등, 분노, 실망, 절망 등으로 고통받고 있는 것을 알고 있다. 가정에서 내 에너지를 대부분 뺏기고 있다면 세상에 나가서 탁월해지는 게 얼마나 힘들겠는가?

가장 좋은 시나리오는 가정이 에너지를 낭비하는 곳이 아닌 충전하는 곳이 되는 것이다. 가정은 혹독한 세상의 복잡한 요구와 질책으로부터 피신할 수 있는 피난처다. 물론 항상 그럴 수 있는 것은 아니겠지만. 하지만 적어도 가끔이라도 그렇게 되게 만들 수 있다.

집은
인생의 다른 문제를
해결할 에너지를 얻는
충전소가 되어야 한다.

6

업무 효율이
높은 사람들의 비밀

리더가 된다는 것은 어떤 의미일까? 요즘은 모든 사람이 리더인 것처럼 이야기하는데, 이는 별로 도움이 되지 않는다. 나는 이 장에서 리더라는 단어를 '다른 사람이 하는 일을 관리하는 책임이 있는 사람'을 지칭할 때만 사용할 것이다. 리더십은 특정 직무에 알맞은 인재를 기용하고, 그 일을 어떻게 하는지 보여주고, 피드백과 평가를 제공하고, 누가 어떤 방식으로 보상을 받는지 선택하고, 인재 유지와 승진, 해고를 결정하는 일을 포함한다. 또한 리더는 롤모델이며 영감을 주는 사람인 동시에 조직 문화를 창조한다.

리더십이 무엇인지 가르치려는 의도는 아니지만, 리더라면 큐레이션을 할 때 나뿐만 아니라 타인도 고려하는 것이 중요하다. 팀원들은 리더가 내리는 업무 지침 외에도 리더가 생각하는 것 이상으로 많은 부분을 리더에게 의지한다.

내가 한때 컨설팅을 담당했던 회사에서 회자되던 유명한 이야기가 있다. 어느 금요일 오후 5시 30분, 아래로 향하는 엘리베이터는 사람들로 가득 차 있었다. CEO 사무실이 있는 5층에서 문이 열리고 회사 CEO가 탔다. 엘리베이터가 내려가는 사이 CEO가 자신의 시계를 들여다봤고 이윽고 1층에 도달했을 때 CEO가 내렸지만 아무도 따라 내리지 않았다. 사람들은 그대로 자신의 사무실로 다시 올라갔다.

왜 그랬을까? 직원들은 CEO가 시계를 쳐다보는 것을 보며 '이것 봐라! 우리 회사 직원들은 일도 안 하고 다들 퇴근하느라 바쁘군'이라고 생각한다고 지레짐작했다. 땡땡이를 치는 것처럼 보이고 싶지 않았기에 약속이라도 한 듯이 전부 위층으로 되돌아갔다. 하지만 사실 그 CEO는 비행기 탑승 시간에 도착할 수 있는지 확인한 것이었다.

그 CEO를 비난하는 게 아니다. 그도 자신의 제스처를 사람들이 오해할 줄 몰랐다. 고위 간부가 되면 어디서나 눈에 띄게 마련이다. 사람들은 그 사람이 하는 일을 낱낱이 보고 해석한다. 리더는 다른 사람들이 줄곧 자신을 바라보며 어떤 대응을 할지 신호를 기다리고 있다는 사실을 인지해야 한다. 그러므로 전달하려는 메시지가 의도적이며 일관되어야 한다.

리더는 자신의 에너지를 큐레이션하는 차원을 넘어 직원들이 각자의 에너지를 큐레이션할 수 있도록 격려해주고 지지해주는 환경을 조성해야 한다. 감정에 치우칠 일이 아니다. 큐레이션은 직원들이 최고의 성과를 내기 위해 반드시 필요한 요소다. 큐레이션을 거치면 직원들은 효율적인 방식으로 집중해서 에너지를 사용하고, 하는 일에서 의미와 기쁨을 찾게 된다.

에너지를 현명하게 관리하기

에너지를 어떻게 쓰는가는 리더십에 영향을 끼친다. 리더는 직원들이 에너지를 최적의 방식으로 사용하게끔 독려하는 문화를 만들어야 한다. 주기적으로 휴식을 취하고, 자기 관리를 하고, 가장 중요한 업무에 집중할 수 있도록 하는 것이다. 에너지 관리를 말로만 가르쳐서는 안 된다. 리더 자신이 먼저 모델이 되고, 보상하는 것이 매우 중요하다.

내 고객 중에는 상사들이 한밤중이나 주말에 이메일을 보낸다고 불평하는 사람들이 종종 있다. 그런데 상사들은 자신들이 원하는 시간에 일할 권리가 있다. 당신이 만일 올빼미형 인간이라면 새벽 2시에 이메일을 보내도 좋다. 하지만 자신이 보내는 메시지가 전달하는 상징적인 의미를 염두에 두어야 한다. 팀원들은 그 시간에 메시지를 받으면 상사가 자신이 항상 '대기 중'이길 바란다고 오해할 수 있기 때문이다.

그런 부담은 먼저 비능률로 이어지고 곧이어 업무의 질을 떨어뜨려 결국 번아웃이 찾아오게 한다. 직원들은 점점 흥미를 잃을 것이며 이직률이 높아질 것이다. 직원들의 건강관리 비용도 치솟을 것이다. 그건 좋은 그림이 아니다.

나 역시 일의 양과 질, 두 가지 측면에서 직원들에게 거는 기대가 높은 사람이다. 내가 컨설팅을 맡은 리더들도 자신의 바람과 다르게 직원들이 최고의 성과를 내기 위해 노력하지 않는다며 불만에 차 있었다. 내가 지금까지 직접 경험하고 또 관찰했던 행복한 직장은 직원들의 노력과 성과에 거는 기대가 높고 뚜렷한 곳이었다. 하지만 직원들에게 365일 24시간 일을 해야 한다는 메시지를 전달한다고 해서 성과가 나지는 않는다. 오히려 그 반대다!

그런데 잠깐, 만약 일요일 오전 6시 30분에 번뜩이는 아이디어가 떠올랐고 직원과 당장 공유하고 싶다면 어떻게 해야 할까? 다행히 메일에는 '예약 발송'이라는 멋진 도구가 있다. 메일을 쓴 뒤 월요일 오전으로 발송 시간을 설정해놓으면 나와 직원 둘 다 평화로워질 수 있다.

높은 성과에 대한 기대와 에너지 관리 사이에서 균형을 찾는 것에 어려움을 느끼는 리더들이 많다. 몇 년 전 미셸이라는 젊은 팀장을 평가해달라는 의뢰를 받았다. 그녀는 중요한 직책의 승진 대상으로 거론되고 있었는데 실력과 대인관계에 모두 뛰어난 강력한 후보였다. 그녀를 승진 대상에 적합하다고 판단할 수 있어서 매우 기뻤다. 하지만 평가 보고서에는 성공에 대한 욕구로 인해 현실을 과대평가하는 경향이 있다고 기록했다.

미셸은 팀원들의 업무 속도가 자신을 쫓아오지 못하면 좌절하거나 조급해했다. 따라서 나는 팀원들 각자의 스타일과 속도를 이해하고 활용하는 능력을 키워서 지속 가능한 방식으로 일할 것을 조언했다. 다른 말로 하자면, 자신과 다른 사람들을 번아웃시키지 말라는 뜻이다.

결국 미셸은 승진을 했고 나의 코칭을 잘 받아들이면서 자기 자신과 팀원이 전력투구하는 상황에서도 융통성을 발휘하는 리더가 되기 위해 노력했다. 그녀는 새로운 역할을 훌륭하게 수행했으며 그 뒤로도 출세가도를 달렸다.

요약하면, 에너지 큐레이션을 이끌기 위해서는 가장 먼저 직원들이 에너지를 현명하게 관리할 수 있게 도와야 한다. 예를 들면 다음과 같은 행동이다.

- 나의 업무 스타일 안에서 좋은 롤모델 되기
- 직원들이 '대기 중'인 시간에 대해 합리적인 기준 세우기
- 때로는 직원 스스로가 정한 비합리적인 기준으로부터 직원 보호하기

두려움이 조직을 망치는 이유

에너지 큐레이션을 이끌기 위해 다음으로 신경 써야 하는 것은 리스크 큐레이션이다. 내가 코칭한 회사 대부분에서는 창의성과 혁신의 중요성을 강조한다. 오늘날처럼 속전속결로 돌아가는 환경에서는 새로운 아이디어를 시도하고 변화를 빠르게 받아들이는 민첩성이 중요한 역량으로 여겨진다. 그러한 민첩성을 보유하기 위해서는 리스크 큐레이션이 필수다.

몇 년 전에 나는 혁신과 창의성을 양성하려다가 시행착오를 겪은 일화를 목격했다. 내 고객이었던 제프는 의료기기 회사의 CEO였다. 그는 나를 회의에 초대해서 자신의 리더십 스타일과 팀이 소통하는 모습을 지켜봐달라고 요청했다. 함께 회의실로 걸어가며 그는 내게 이번 회의의 목표는 기업을 탈바꿈할 대담하고 혁신적인 아이디어를 찾아내는 것이라고 했다.

에너지를 현명하게
사용할 수 있는
환경을 만들어라.

제프는 팀원들과 밝게 인사를 나눈 뒤 계획을 설명했다.

"돌아가면서 각자 우리 회사를 위한 새로운 아이디어를 공유해주시길 바랍니다. 그런 다음 논의해서 어떤 아이디어를 추진할 것인지 결정하겠어요. 제가 먼저 시작하지요."

그런 다음 그는 회사가 가야 할 새로운 방향에 대한 자기 생각을 이야기하고는 팀원들을 한 명씩 지목했고, 지목된 사람은 전부 "대단해요, 제프. 제프의 아이디어가 가장 훌륭해요. 당장 추진해도 좋겠어요"와 비슷한 이야기를 했다.

미팅이 끝난 뒤 제프가 크게 실망한 것은 두말할 것도 없다. 회의를 복기하며 나는 그에게 어디가 잘못됐는지 알려주었다. 제일 먼저 그는 다른 사람이 먼저 이야기할 기회를 주는 대신 자신의 아이디어를 먼저 이야기하는 실수를 저질렀다. 나머지 사람들이 보스의 제안에 찬성표를 던질 것은 너무도 자명한 일이다! 하지만 더 심각한 것은 팀 내에 공포 분위기가 조성되어 있어서 제프에게 거절당할까 봐 아무도 자신의 의견을 이야기할 위험을 감수하지 않으려고 했다. 이 처참한 회의 이후 나는 제프의 리더십 스타일을 바꿔주는 방향으로 코칭했고, 팀 분위기가 바뀌면서 사람들이 새로운 아이디어를 공유하는 횟수가 늘어났다.

혁신을 저지하는 가장 큰 장벽 중 하나는 두려움이다. CEO

인 톰 요튼이 한 회의에 패널로 참석해서 발표한 이야기가 기억난다. 그는 회사에 두려움이 얼마나 만연해 있는지에 대해 이야기했다. 사람들은 실수할까 봐 두려워서 안전한 길을 택한다. 이러한 분위기가 지배적인 조직의 구성원들은 모든 실수의 중요도가 동일하다고 인식한다. 내부용 문서에 찍힌 오탈자와 사고사로 연결되는 치명적인 건축 설계의 결함을 동일하게 여기는 것이다.

나의 언어로 다시 말하면 그것은 리스크 큐레이션의 부재다. 리더가 직원들이 정말로 중요한 것과 적당히 중요한 것, 혹은 아예 중요하지 않은 것의 차이를 구별할 수 있도록 돕는 자신의 역할에 충실하지 못했다는 의미다.

다행히 이러한 문화를 바꿀 방법이 있는데, 톰 요튼과 켈리 레너드의 저서 『예스, 앤드』에 몇 가지 방법이 소개된다. 이 책에서는 기업에서 공포심을 줄이고 혁신적인 생각을 해방하는 전략은 즉흥극 연습에서 찾을 수 있다고 주장한다. 바로 '예스, 앤드' 소통법이다. 경영자 대부분은 고등교육을 받았고, 고등교육을 받은 사람들 대부분은 고강도 비판적 사고 훈련을 받는다. 누가 내게 아이디어를 하나 제시하면 단숨에 잘못된 점을 17개쯤 말할 수 있다. 경영자들은 보통 이렇게 한다. 그 결과 사람들은 자신의 아이디어가 무참히 짓밟힐 것을 알기에 아예 꺼내놓지도 않는다.

하지만 리더는 선택을 할 수 있다. "그건 아니야, 왜냐하면……" 혹은 "좋아, 하지만……"이라고 대답하는 대신 그 사람의 아이디어를 경청한 뒤 "좋아, 그럼(예스, 앤드)……"이라고 대답하면 된다.

젊은 여성 마사는 컨설팅 회사에 입사해서 컨설턴트로서 첫발을 내디뎠다. 편의상 '애크미 컨설팅'이라고 부르겠다. 마사의 상사는 '예스, 앤드' 소통법에 능통한 사람이었다. 어느 날 마사는 새로운 아이디어를 가지고 상사의 사무실에 갔다. 마사는 얼마 전 비행기에서 글로벌 서비스 기업 임원인 린다를 만났는데, 자신들이 어떤 일을 하는지에 대해 이야기를 나누다가 린다의 회사가 시급하게 필요로 하는 일을 애크미 컨설팅이 제공할 수 있을지도 모른다는 결론에 도달한 것이다. 애크미 컨설팅도 린다의 회사가 제시하는 조건에서 이익을 얻을 수 있을 것이 분명했다. 비행기가 착륙할 때쯤 두 사람은 서로 회사의 서비스를 교환하자는 계획을 세웠다.

애크미 컨설팅은 그와 비슷한 일을 해본 적이 없지만 마사는 좋은 아이디어라는 확신이 들었다. 물론 이 프로젝트를 혼자 성사시킬 힘이 없었기에 아이디어를 가지고 상사를 찾았다. 상사는 그 자리에서 마사의 계획을 물거품으로 만들 수 있었다. 하지만 그는 이렇게 말했다.

"좋아, 좋은 아이디어로군. 그럼 나와 린다가 만나는 자리를 주선해서 세 사람이 머리를 맞대고, 어떤 결과를 낼 수 있을지 의논해보지. 그러고 나서 이 아이디어를 애크미 리더십 팀에 제안해보자고."

그래서 그들은 함께 계획을 세웠고 결국 두 회사 모두에게 유용한 서비스를 교환할 수 있었다.

"좋아, 그럼"이라고 말하는 리더 밑에서 일하는 직원들은 활력이 넘친다. 먹이사슬 아래에 있는 사람들도 모욕당할 것이라는 두려움 없이 아이디어를 표출할 수 있다. 나도 알고 있다. 혁신적인 아이디어 대부분이 실현되기 힘들다는 것을. 에디슨과 그 팀이 불이 들어오는 전구를 발명하기까지 3천 번을 시도했다는 일화는 너무나 유명하다. 만약 에디슨의 상사가 그 자리에서 아이디어를 사장해버렸으면 어떻게 됐을까? 우리는 아직 촛불에 의지해 글을 읽을지도 모른다. 리더가 해야 할 일 중 하나는 아이디어의 옥석을 가려낼 수 있도록 돕는 것이다. 하지만 리더가 직원들의 혁신적인 아이디어에 조금도 귀 기울이지 않는다면 그 회사는 뒤처지고 말 것이다. 혁신에 강한 리더는 사람들이 '빠르게 실패하고, 자주 실패하도록' 독려한다.

리스크 큐레이션을 하는 리더들은 회사와 고객의 안녕을 위협할 실수와 잠재적 실수를 식별할 수 있다. 그들은 또한 직원들이 그다지 중요하지 않은 실수와 더 나은 것으로 발전할 가능성이 있는 용납 가능한 실수를 식별하도록 돕는다. 그러면 사람들은 더는 두려움 없이 합리적인 모험을 하고, 창조성을 발휘하게 되고, 이를 통해 멋진 일이 벌어질 수 있다.

리스크 큐레이션은 조심스러운 접근이 필요한 중요한 일과 실수가 허용되고 위험을 감수해도 되는 일을 구별할 수 있게 돕는 것이라고 할 수 있다. 회사에서 두려움을 완전히 없앨 수 있는 리더는 없다. 사실 리더들이 그렇게 하고 싶어 한다고 생각하지도 않는다. 약간의 두려움은 동기 부여를 하고 어디까지가 경계인지 잊지 않게 만들어주기도 한다. 하지만 두려움을 줄이면 혁신과 성공의 새로운 단계로 나아갈 가능성이 커진다.

생산성을 끌어올리는 방법

우리는 인지 큐레이션에 대해서도 알아야 한다. 미루기 습관에 대한 이야기에서 다른 사람의 행동에 영향을 끼칠 수 있는 가장 강력한 방법 중 하나가 내가 원하는 걸 했을 시 보상하는 것이라고 했다. 하지만 조심할 필요가 있다. 내가 원하지 않는 행동에도 무심코 보상을 할 수 있기 때문이다. 떼를 쓰는 아이에게 많은 관심을 주는 부모들을 쉽게 보았을 것이다. 설사 부정적인 관심이라도 아이의 행동에 보상을 해주고 있는 것이나 마찬가지다. 직장에서도 같은 일이 벌어질 수 있다. 따라서 인지 큐레이션이란 업무 환경에서 탁월함이 무엇인지 확실하게 설정한 뒤 그것을 행하는 행동에 보상을 주는 것을 의미한다.

여기 좋은 예가 있다. 나는 의료센터에서 임상 심리학자로 오랜 시간 일했다. 당시 의료 실장이었던 맥셰리 선생님은 키가 크고 명석한 스코틀랜드 출신의 의사로 명망이 높고 동료들로부터 신망이 두터웠다. 선생님은 책임져야 할 영역이 많아서 늘 바빴다. 하지만 내가 레지던트들 앞에서 발표할 때 가끔 강연장 뒤에서 내 발표를 들어주었으며 다음 날에는 내 성과를 칭찬하는 기분 좋은 카드를 써서 주었다.

그 카드는 나에게 큰 의미가 있었다. 항상 카드를 주는 건 아니었고 뭔가 두드러진 점이 있다는 생각이 들었을 때만 건네주셨다. 카드는 내가 최선을 다하게끔 동기를 불어넣었으며 잘하고 있다는 확신을 주었다. 내가 그곳을 떠난 지 20년

이 지났고 맥셰리 선생님은 돌아가셨지만 나는 아직 선생님이 주신 카드를 간직하고 있다.

내가 방금 들려준 이야기에 경악하는 사람도 있을 수 있다. 아마 이런 생각을 할 것이다.

'뭐라고? 안 그래도 리더로서 책임질 일이 산더미인데 시간을 들여서 그깟 감사 카드나 쓰라고? 직원들에게 월급을 지급하고 있다고! 그거면 된 거 아니야?'

내 대답은 '아니, 그걸로 충분치 않다'다. 특히 탁월함을 원한다면 말이다. 굳이 감사 카드가 아니어도 좋다. 하지만 훌륭한 성과를 인정하면서 보상을 하는 방식은 리더가 반드시 갖춰야 할 덕목 중 하나다.

항상 할 필요도 없다. 오히려 그렇게 하면 안 된다. 맥셰리 선생님의 카드는 드물고 예측하기 힘들었기 때문에 더욱 큰 영향력이 있었다. 스스로 여러 가지 실험을 해보면서 훌륭한 성과를 보상하는 법을 찾고, 그 뒤 어떤 일이 발생하는지 관찰해보길 바란다.

하지만 또 다른 문제점이 있다. 직급이 높은 리더는 팀원 중 누가 잘하고, 누가 못하는지 알기가 쉽지 않다. 자신이 잘한다는 환상을 만들어내는 데 특별한 재주가 있는 사람들이 있다. 과거에 동료 다섯 명과 함께 프로젝트팀에 합류한 적이 있었다. 좋은 팀이었고 협력도 잘 됐었다. 그런데 그중 두 명은 조직에서 유명한 인물이었다. 팀은 좀 멍청했는데 가만히 있지 못하고 실없는 소리를 늘어놓고 자기 자신을 비하하기도 했다. 다른 한 명인 로런스는 침착하고 든든한 태도로 누구에게나 찬사를 받았다. 훤칠한 인물에 과묵한 편이었지만 한번 입을 열면 모두가 귀를 기울였다.

다른 팀에서 일하는 동료들은 로런스가 우리 팀에 있어서 부럽다는 말을 종종 했다. 반면 팀을 참고 견뎌야 하는 것에 대해서는 안타까워했다. 하지만 우리 팀 사람들은 다 알고 있었다. 로런스가 좋은 인상을 주지만 실제로는 작업에 기여하는 바가 거의 없는 '빈 수레'이며 팀이 일을 착착 진행시키는 천재적인 프로젝트 책임자라는 사실을. 팀의 지도가 없었다면 우리는 제시간에 일을 마치지 못했을 것이다.

이처럼 누가 정말 일을 잘하는지 판가름하기는 쉽지 않다. 따라서 리더는 누가 큰 공헌을 하는지 파악할 때 자신이 받는 인상에만 전적으로 의지하지 말고 다방면에서 자료를 수집해야 한다.

또한, 직원들도 자신들의 훌륭한 성과가 상급자의 눈에 띄도록 노력해야 할 의무가 있다. 과시하거나 떠벌리라는 얘기가 아니다. 하지만 좋은 성과는 상사에게 드러내야 한다. 그러지 않으면 자신의 탁월함은 아무도 모르게 묻히고 만다. 이 것이 바로 코치들이 말하는 '상사 관리'다. 상사에게 아첨하는 모습을 떠올리며 이 용어에 불편해하는 사람들도 있다. 하지만 내가 하고자 하는 말은 그게 아니다. 좋은 리더는 직원들이 무슨 일을 하는지 알고 싶어 한다. 어떤 성공을 거두었는지, 어떻게 난관을 극복했는지, 어떤 훌륭한 성과를 냈는지 듣고 싶어 한다. 따라서 그런 이야기를 하는 것은 어쩌면 당연한 일이다.

매년 혹은 반년마다 인사고과를 하는 직장에 다니고 있다면 그때 상사가 볼 수 있게 성과를 정리하면 된다. 하지만 그 사이에도 너무 튀지 않으면서 상사의 레이더망에서 벗어나지 않을 방법을 강구해야 한다. 내가 이룬 성과를 전한다는 명목으로 상사의 사무실에 잠깐씩 들르는 것도 좋은 방법이다. 성과를 보고하는 이메일에 상사를 참조인으로 넣는 것도 좋다.

내가 고객들을 위해 고안한 차트가 있다. 뒷장의 그림을 참조해라.

상사의 레이더망에 포착되는 방법에는 두 가지가 있다. 가시성은 지금까지 내가 강조한 부분으로, 내가 회사에 어떤 공헌을 하고 있는지 상사가 알게 하는 것이다. 유지비란 나에 대한 부정적인 소문이 있을 때를 가리킨다. 내가 다른 사람들을 귀찮게 하고 사무실 분위기를 망친다는 이야기가 상사의 귀에 들어갈 때다. 총 네 가지 영역이 있다.

		가시성	
		낮음	높음
유지비	높음	골칫덩어리	프리마돈나
	낮음	투명인간	스타

- 투명인간: 상사가 나에 대해 보거나 듣는 게 많이 없다. 나는 골칫덩어리는 아니지만 그렇다고 해서 주목할 만한 인재도 아니다. 그러다 보니 같은 일만 하게 된다.
- 골칫덩어리: 상사의 귀에 내가 함께 일하기 어려운 사람이라는 평가가 들어간다. 해고될 여지가 있다.
- 프리마돈나: 내가 회사에서 공헌하는 가치에 대해 상사가 명확하게 알고 있지만, 그 과정에서 대인관계가 원활하지 못하다는 사실도 알고 있다. 이 경우 상사는 다른 사람들이 나의 무례함을 참아내야 할 만큼 나의 가치가 훌륭한지 심사숙고할 것이다. 현재 기업 풍토는 회사에서 문제를 일으키는 사람을 점점 더 용인하지 않는 분위기다. 만약 당신이 이런 부류의 사람이라면 아슬아슬한 줄타기를 하고 있는 것이다.
- 스타: 최고의 조합이라고 할 수 있다. 상사가 당신의 성과를 인

지하는 동시에 당신이 어떤 문제를 일으킬 거라고 걱정할 필요가 없다. 이 영역에 속하면 승진, 급여 인상과 같은 좋은 결과로 연결된다.

지금까지 코칭을 하면서 '골칫덩어리' 영역에 속하는 사람은 거의 없었다. 회사에서 그런 사람들에게 코칭을 시키면서까지 투자를 하지 않는다는 의미다. '투명인간' 영역에 있는 사람들은 꽤 있었고 그들은 '스타' 쪽으로 옮겨갈 수 있도록 자신의 가치를 더욱 명확하게 회사에 드러내는 연습을 해야 했다. '프리마돈나'에 속하는 사람들은 자신들로 인해 발생하는 유지비를 낮춰서 '스타' 쪽으로 갈 수 있도록 노력해야 했다. 그런데 나의 고객 상당수가 이미 '스타' 영역에 있었다.

핵심은 성과를 내는 모습이 '보여야' 한다는 것이다. 훌륭한 성과를 내는 데 그쳐서는 안 된다. 특히 여성들이 이 문제를 어려워한다. 놀라울 정도로 일을 잘하면서도 자신들의 성과를 관리자에게 어떻게 드러내야 하는지 알지 못한다. 그 이유 중 하나는 여성들이 딜레마에 빠지기 때문이다. 만일 성과에 대해서 말하지 않으면 그냥 지나가버릴 것이다. 그렇다고 이야기를 하면 강압적이고, 윗사람 행세를 하거나, 거들먹거리는 게 된다. 만약 이 문제로 고민하고 있다면 앤드리아 크레이머와 올턴 해리스가 쓴 『편견 깨트리기Breaking Through Bias』

라는 책을 읽어보길 바란다. 남성이 주를 이루는 환경에서 커리어를 고민하는 여성들에게 필요한 강력하고 현명한 조언들이 가득하다.

상사 관리의 요점은 상사가 나를 적절하게 인지할 수 있도록 큐레이션을 돕는 것이다. 상사가 큐레이션을 전부 할 수 있다고 기대하면 안 된다. 레이더망에 잡힐 방법을 모색해야 한다.

인지 큐레이션은 관리자와 고용인에게 상호 책임이 있다. 올바른 체계와 태도를 갖추고 있다면 관리자들은 중대한 프로젝트에서 누가 공헌을 했는지 인지하고 그에 상응하는 보상을 할 것이다.

인지 큐레이션 영역에서 새롭게 발전하는 놀라운 기술 중에 '피플 애널리틱스People analytics'라는 것이 있다. 요즘 기업들은 직원들의 행동 데이터를 수집하고 분석하는 기술을 사용하는 데 적극적이다. 이메일 내용을 검토하는 것은 물론이며 많은 회사가 다양한 방식으로 직원들의 생산성을 측정한다. 예를 들면 이렇다.

- 누가 누구에게 이메일을 보내며, 얼마나 이른 시간 안에 답장하는지에 대한 분석
- 직원들이 회사 건물을 돌아다니는 방식 추적
- 발언에 대한 청중의 반응, 목소리 톤 등과 같은 회의 참여 방식

물론 이 도구는 오싹한 빅 브러더를 연상시키기도 한다. 기업이 이 도구를 어떻게 활용하며, 직원들에게 감시 여부를 고지하는지를 두고 윤리적인 논란이 계속되고 있다. 하지만 피플 애널리틱스는 이미 상용화되고 있으며 앞으로도 계속 사용되고, 개선될 것이라는 데는 의심의 여지가 없다. 그리고 다른 강력한 도구와 마찬가지로 긍정적인 동시에 부정적인 목표를 위해 사용될 수 있다.

그러나 이 기술이 사려 깊고 윤리적인 방식으로 도입된다면 직장에서 편견이 사라지는 데 일조할 것이며 리더들은 더욱 광범위하고 신뢰할 수 있는 데이터를 이용해 인지 큐레이션을 할 수 있게 될 것이다.

조심하라는 뜻에서, 직원의 탁월함이 인지되기는커녕 적극적으로 저지당하는 환경에 대한 사례를 들고자 한다. 알렉스는 전문 서비스 기업에서 CEO에게 직접 보고하는 고위급 관리자였다. 그는 경험이 많고 정말 똑똑한 리더였다. 자신도 쉼 없이 일했고, 팀원들에게 바라는 기대도 컸다. 팀원들의 발전에 아낌없이 투자했고 팀원들도 그를 따랐다. 한 사람, 엘리자베스만 빼고 말이다.

컨설턴트 출신인 엘리자베스는 CEO로부터 호감과 존중을 얻어 기용된 뒤 알렉스가 이끄는 팀에 합류했다. 그 뒤 재앙이 뒤따랐다. 엘리자베스는 자신이 CEO가 가장 아끼는 사람이라고 생각하며 그 관계에만 신경 썼고, 알렉스의 권한을 티 나게 무시했다. 알렉스는 엘리자베스의 행동을 지적했지만 그녀는 그 말을 듣지 않고 CEO의 환심을 사는 데 집중했다. 시간이 흘러 그 작전은 먹혀들었다. 알렉스가 책임져야 할 일과 회사에 고도로 전문화된 리더십을 제공할 기회가 서서히 축소되기 시작했다. 회사 내 다른 사람들은 그를 따랐지만 CEO는 그의 의견을 귀담아듣지 않았다. 중요한 회의에서 그를 배제했고, 중요성이 덜한 일거리를 맡겼으며 다른 관리자들 앞에서 책망했다.

알렉스는 그 후 몇 년간 회사에 헌신했지만, 능력을 발휘할 기회가 점점 제한되었다. 결국, 그는 자신의 뛰어난 능력을 활용할 수 있는 다른 관리직으로 이직했다. 이듬해 CEO가 퇴진한 뒤 후임자는 엘리자베스가 골칫거리라는 사실을 단박에 알아보았지만 때는 이미 늦어서 회사의 재정은 어려운 상태에 놓이게 되었다.

여기서 잘못된 점은 무엇일까? 세 사람 모두 각자의 몫이 있다. 알렉스는 상사에게 자신의 가치를 증명하는 일을 훌륭히 해내지 못했다. 엘리자베스가 자신을 깎아내리는 것을 알았을 때 강력하고 효과적으로 대응하는 방식을 알지 못했다. 엘리자베스는 승진에 너무 집착한 나머지 알렉스와 끈끈한 동맹을 맺는 데 실패했다. 두 사람이 싸우는 대신 힘을 합쳤다면 힘 있는 기업을 만들어낼 수 있었을 텐데 말이다. 마지막으로 CEO는 엘리자베스의 아첨과 자화자찬에 눈이 멀어 누가 회사에 정말로 보탬이 되는지 알아채야 하는 의무를 충실하게 이행하지 못했다.

만일 당신이 탁월함을 뒷받침해주지 않는 환경에서 일하고 있다면 가능하면 그곳을 빠져나오길 권한다. 그런 회사에 소속되는 것만으로 당신의 개인 브랜드에 해가 갈 수 있기 때문이다. 업무에 대한 당신의 기쁨과 자부심, 충만감 역시 서서히 사라질 것이다. 그런 일이 당신에게 일어나서는 안 된다.

어떤 갈등에 개입할 것인가

팀 큐레이션에서 가장 힘든 점 중 하나는 갈등이 발생했을 때 내가 언제 개입을 할지 선택하는 갈등 큐레이션이다. 이로운 싸움을 즐기는 사람들도 있지만 대부분은 싸움에 휘말리면 엄청난 에너지를 소모하게 된다. 싸움을 좋아하는 사람들은 상대적으로 중요하지 않은 일에도 갈등을 일으키는 경향이 있고, 갈등을 소모적이고 불편하게 여기는 사람들은 반드시 짚고 넘어가야 하는 문제도 회피하는 경향이 있다.

어맨다의 경우를 살펴보자. 회사 고위 간부로 일하는 어맨다는 복잡한 문제를 해결하고 일을 처리하는 솜씨가 뛰어난 것으로 찬사를 받았다. 하지만 일부 동료들이 그녀와 함께 일하는 것을 힘들어하면서 그녀의 화려한 커리어에 제동이 걸리기 시작했다. 이유가 뭘까?

어맨다는 어떤 길이 맞는다는 확신이 들면 자기 생각을 관철하기 위해 끝까지 싸우곤 했다. 회사에 중요한 문제에 관해서라면 존중받아야 마땅한 행동이지만 어맨다는 사소한 문제에서도 그만한 에너지를 들여 싸우기 일쑤였다. 그녀의 호전적 기질은 그녀 자신의 에너지를 축낼 뿐만 아니라 동료들을 피곤하게 만들고 있었다. 어맨다는 싸울 가치가 있는 전투와 그냥 놓아주어야 할 전투를 구별하는 법을 배워야 했다. 그녀는 코칭을 통해 그 부분을 집중적으로 개선해나갔고 몇 달 뒤 C레벨에 합류하는 기쁨을 맛보았다.

반드시 필요한 다툼에만
관심을 집중해라.

자신의 업무 성향을 파악하라

팀을 잘 꾸려나가기 위해서는 '자기인식'이 매우 중요하다. 내가 임상 심리학에서 경영 심리학으로 분야를 옮겼을 때 새로운 동료들은 훌륭한 리더가 되는 가장 중요한 자질로 자기인식을 꼽았다. 그때만 해도 나는 의구심이 들었다. 리더의 존재감, 전략적 사고, 권위 없는 영향력을 포함해 다른 유명한 리더십 요소들과 비교하면 자기인식은 그 중요성이 덜하다는 생각이 들었다.

하지만 15년이 넘는 세월이 지나면서 내 생각에도 변화가 생겼다. 효과적인 리더십에 자기인식이 얼마나 중요한 역할을 하는지 거듭해서 봐왔기 때문이다. 자신을 두려움 없이 대면하는 능력, 나를 잘 아는 사람들의 피드백을 경청하는 능력, 그 정보를 바탕으로 리더와 한 인간으로서 발전하고 성장하는 능력이야말로 훌륭한 리더의 자질이라고 할 수 있다.

그렇다면 자기인식은 큐레이션과 어떤 상관관계가 있을까? 자기인식은 리더와 잠재적인 리더들이 가장 탁월한 재능에 집중하도록 도와준다. 1장에서 말한 것을 떠올려보자. 내가 누구인지, 나에게 무엇이 가장 중요한지 찾는 것이 가장 중요하다. 나는 지금까지 리더들이 자신에게 맞지 않는 역할을 수용한 뒤 제대로 해내지 못하는 경우를 숱하게 목격했다.

패트릭도 그랬다. 뛰어난 인테리어 디자이너인 그는 사람들이 좋아하는 집, 사람들이 원하는 삶을 살 수 있게 해주는 집을 창조해낼 수 있었다. 건축과 건설, 건축자재, 역사, 예술에 대한 조예가 상당했다. 고객의 말을 경청하는 능력도 뛰어나서 최신 유행을 따라가는 일반적인 디자인 대신 고객 맞춤형 공간을 선보였다.

뛰어난 실력으로 패트릭의 사업은 급속도로 번성했다. 밀려 들어오는 수요에 대응하기 위해 그는 재정, 회계, 매출, 고객 관리, 공급망, 마케팅 등 성공적인 사업이 갖춰야 하는 모든 요소를 관리해줄 팀을 구성해야 했다.

문제는 여기 있었다. 패트릭은 인재 관리에 젬병이었다. 그는 좋은 리더가 되기 위해 노력했지만 직원들에게는 힘든 상사였다. 창조적인 업무에 집중하느라 연락이 닿지 않기 일쑤인 데다 기분이 시시때때로 바뀌고 성미가 급했다. 자신이 원하는 바를 명확히 하지 않으면서 요구하는 바가 많았다. 직원들에게는 그냥 직업일 뿐이었지만 그는 직원 모두가 자신만큼 회사에 열정이 있길 바랐다.

그는 가족 경영을 하는 집안에서 성장하며 어려서부터 일을 도와야 했다. 그때 체득한 부모가 아이들에게 일을 시키는 방식이 장차 그의 관리 모델이 된 것이다. 그가 인재 관리에 능하지 못한 데는 이유가 있었다.

어려운 고비를 몇 차례 넘긴 뒤 패트릭은 그제야 자신을 자세히 들여다본 뒤, 형편없는 관리자가 되는 데 들어가는 에너지를 훌륭한 디자이너가 되는 데 사용하는 것이 현명하다는 판단을 내릴 수 있었다. 그 뒤 그는 최고운영책임자COO를 기용해서 직원 관리 업무를 전담시켰다. 쉽지 않은 결정이었다. 실패했다는 자책감에다 엄청난 비용까지 지불해야 했다. 하지만 성과는 금방 나타났다. 이직률이 줄어들고 수익이 상승했다. 더불어 패트릭은 자신이 사랑하는 일에 집중할 수 있게 되었다.

회사에서는 보통 보고하는 사람의 숫자가 얼마인지에 따라 그 사람의 중요성과 권위를 재단한다. 그것 때문에 야심 찬 사람들이 자신의 선호와 재능에 관계없이 사람들을 관리하는 역할을 맡으려고 하는 경향이 있다. 과학자, 엔지니어, 의사, 변호사, 교수를 포함한 수많은 전문가가 놀랄 만큼 일처리에 능숙하지만, 다른 사람이 그 일을 처리하도록 만드는 데는 놀랄 만큼 미숙하다는 사실을 기억해야 할 것이다.

요약하면, 직장에서 큐레이션을 성공적으로 이끄는 데 필요한 주요 요소 중 하나는 나의 능력과 열정에 딱 맞는 리더의 역할을 찾을 수 있도록 자신의 성향에 대해서 잘 아는 것이다. 그렇게 하면 함께 일하는 동료들에게 내가 가장 잘하는 것을 제공할 수 있고, 그들이 가장 잘하는 것을 제공받는 데 장애물이 되는 일을 방지할 수 있다.

우선순위 프로젝트

큐레이션을 성공적으로 이끌기 위해서는 부하직원들에게 멘토의 역할도 충실히 해야 한다. 보통은 형식적인 일대일 관계에서 끝난다. 하지만 나는 다른 사람에게 멘토링을 하는 리더들에게 의도적, 주기적으로 대화에 큐레이션을 적용해볼 것을 제안한다. 이제 막 리더의 자리에 오른 사람들은 큐레이션을 통해 커리어가 가속화될 수 있으며, 큐레이션에 실패하면 심각한 좌절을 맛볼 수 있다는 사실을 명심하길 바란다.

훌륭한 리더는 일대일 멘토링에서 한발 더 나아가 직원들의 큐레이션 기술을 발전시킬 방안을 모색한다. 몇 년 전 내가 직접 겪은 흥미로운 체험을 예시로 들어보겠다. 에너지 큐레이션에 대한 발표를 끝냈을 때 참석자 중 한 사람이었던 로라가 내게 다가와 자신의 상사가 최근 개발한 '우선순위 프로젝트' 프로그램에 관해서 이야기해주었다. 로라의 상사인 알레한드로는 대형 보건회사에서 IT부서를 책임지고 있었는데, 다른 부서 책임자들이 크고 작은 문제를 해결해달라고 요구하며 IT 부서 사람들을 찾아오는 바람에 골머리를 썩고 있었다. IT 부서는 규모가 컸지만 팀원들은 자기 일을 하면서도 밀려드는 요구 사항을 처리하느라 녹초가 되었다.

그래서 알레한드로가 만든 것이 우선순위 프로젝트였다. 모든 팀원이 밀려오는 요구 사항을 '중대한 일', '필요하지만 중대하지 않은 일', '불필요한 일'로 나누는 법을 교육받았다. 이러한 묘책은 직원들이 가장 시급한 우선순위에 에너지를 집중하고, 그다음으로 중요한 일에 중간 정도로만 신경을 쓰고, 마지막 범주에 속하는 요구 사항을 거절하기 쉽게 개발된 것이었다.

물론 문제는 다른 부서 책임자들이 IT 부서 사람들이 자신의 요구 사항을 '필요하지만 중대하지 않은 일' 혹은 '불필요한 일'로 치부하는 것을 좋아하지 않는다는 사실이었다. 그래서 나는 우선순위 프로젝트가 계속 유지될 수 있도록 알레한드로와 팀원들이 소통 기술을 발전시키는 방법을 알려주었다. 집중력과 에너지를 관리하는 것은 여전히 힘들었지만 우선순위 프로젝트는 IT 부서 사람들에게 생산성을 높이고 회사에 정말로 중요한 일을 할 수 있게 만드는 공통 언어와 도구가 되어주었다.

큐레이션은 내가 더 나은 인생을 살 수 있게 도와줄 뿐만 아니라 내 팀을 위해 더 나은 직장을 만들 수 있게 도와준다.

큐레이션을 거치면
직원들은 효율적인 방식으로
집중해서 에너지를 사용하고,
하는 일에서 의미와 기쁨을
찾게 된다.

7

삶의 우선순위를
바꿔야 할 때

어렸을 적에 내가 세상에서 가장 좋아한 일은 시카고에 있는 과학산업박물관에 가는 것이었다. 아직도 박물관 전시들이 생생하게 기억난다. 탁구공으로 확률의 원리를 보여주는 수학 전시, 경운기와 동물 모형이 있던 농장, 알에서 부화하는 병아리들, 펄떡펄떡 뛰는 커다란 심장, 거대한 철도 모형, 탄광 등등……. 모든 게 정말 굉장했다.

　최근에 손녀를 데리고 박물관을 다시 찾았다. 아쉽게도 내가 좋아했던 전시 일부는 아예 사라졌고, 일부는 완전히 딴판으로 바뀌었다. 나는 손녀에게 내가 기억하는 박물관을 보여주고 싶었기에 아쉬움을 감추지 못했다.

　사실 당연하다. 현재는 1962년과 비교할 수 없다. 내게 특별했던 전시들이 이제는 터무니없이 구식에다 지루해졌을 것이다. 과학산업박물관의 큐레이터들은 박물관이 특별하고 현대적인 공간으로 남으려면 큐레이션을 다시 해야 한다는 사실을 알았다. 전시를 전부 갈아치우지는 않더라도 시간이 흐름에 따라 새로운 것들을 보여주어야 할 필요성을 잘 알았던 것이다.

에너지 큐레이션도 마찬가지다. 때때로 큐레이션을 다시 해야 한다. 살아가면서 어떤 그림을 떼고 다른 것을 걸어놓거나 아니면 적어도 위치를 바꿔야 할 때가 있다. 우리는 변하고 우리를 둘러싼 세상도 변한다. 그러면 당연히 나에게 중요한 우선순위도 달라진다.

성인기에도 심리 발달은 계속된다

과거의 심리학자들은 사람들의 인지 및 감정 발달은 성인기에 멈춘다는 이론을 제시했다. 지그문트 프로이트와 장 피아제 같은 이론가들은 아동의 성장 발달에 관해 다양한 틀을 만들었다.

그러나 그들의 이론은 불완전하다(오해하지 마시라. 나는 프로이트와 피아제를 포함해 초기 심리학자들이 천재라고 생각한다. 새로운 길을 개척했고, 그들이 남긴 수많은 연구는 세월이라는 시험을 견뎌냈다). 스무 살 무렵에 심리적인 성장이 완성된다는 개념은 오늘날 현실에 맞지 않는다.

나는 그동안 성인 발달을 지켜보고 또 관여하면서 심리 발달은 전 생애에 걸쳐서 이루어진다고 믿게 되었다. 성인기에 찾아오는 '중년의 위기'가 단 한 차례만 일어나는 현상이 아니며, 우리가 일련의 발달 위기를 겪는다고 주장한 전문가도 있다. 인생의 각 단계에서 우리는 어떤 부분을 충족하기 위해 다른 부분을 희생시키는 선택을 한다. 예를 들어, 결혼을 결심한 사람은 친밀감, 안전감, 안정감, 가족 정체성 등을 향한 갈망을 충족한다. 대신 여러 사람과 가지는 성관계, 고립감, 배우자를 챙길 필요 없이 혼자 즐거워질 자유를 향한 욕구는 충족할 수 없다.

직장에서도 동일한 과정이 펼쳐진다. 내 고객 그렉이 좋은 예다. 명문대에 재학 중인 똑똑한 학생이었던 그렉은 졸업과 동시에 금융계에서 누구나 선망하는 직장에 취직했다. 수입은 어마어마했고 그렉의 넘치는 승부욕을 만족시켜주는 일이었다. 그러나 그는 당연히 엄청나게 많은 일을 처리해야 했고 끊임없이 출장을 다녀야 했다. 그는 진이 빠졌고 자신이 세상에 도움되는 일을 한다는 생각을 하지 못했다.

그렉은 결국 자신의 직업이 점점 못마땅해지기 시작했다.

큰돈을 벌었지만 어떤 사교 활동도 할 수 없었고 모든 게 부질없게 여겨진 것이다. 그는 한동안 하던 일을 계속했지만 반드시 변화를 주어야겠다는 결심을 하고 나를 찾아왔다. 우리는 함께 그가 선택할 수 있는 여러 가지 다른 방향을 탐구했고 마침내 그는 직장을 그만두고 자신의 아이디어를 기반으로 하는 스타트업을 창업하기로 했다. 그는 기술창업 지원 프로그램에서 열정이 넘치고 똑똑한 여성을 만났고, 결혼까지 했다. 이제 그에게는 두 명의 아이가 있고 그는 계속 열심히 일하고 있다. 하지만 이제는 스스로 일정을 관리하며 가족과 시간을 보내는 데 에너지를 사용하는 쪽으로 우선순위를 바꿨다.

그렉의 경우처럼, 어느 정도 시간이 지나면 마음속에서 자신이 애써 무시했던 부분들이 문제를 일으키기 시작한다. 그때는 자신의 선택과 우선순위를 재평가할 수밖에 없다. 이런 위기가 사소할 때는 경로를 조금만 수정하면서 인생을 재설계하면 된다. 하지만 위기가 커다란 격변을 일으킨다면 인생계획을 크게 수정해야 한다.

시간이 지나면
마음속으로 애써 무시했던
부분들이 문제를 일으키기 시작한다.
그때는 자신의 선택과 우선순위를
재평가해야 한다.

인생의 우선순위는 달라지기 마련이다

나는 앞에서 '재설계하다', '인생 계획을 크게 수정하다'라는 말을 썼다. 이 모든 것을 아우르는 말이 '리큐레이션Re-curation'이다.

우선순위를 바꾼다고 해서 지금까지 잘못된 일을 하고 있었다는 뜻이 아니다. 그 당시 당신의 인생에 꼭 맞게 큐레이션되어 있었을 뿐이다. 하지만 박물관 전시를 개관 이후 그대로 방치해두지 않듯 어떤 큐레이션도 영원하지 않다.

아니타의 경우는 리큐레이션에 실패한 안타까운 사례라고 할 수 있다. 그녀는 자기 자신과 고객에게 엄청난 수익을 안겨주는 성공한 금융 애널리스트였다. 그녀는 일터에서 맞닥뜨리는 지적인 도전과 경쟁, 자신의 가족과 다른 사람들을 위해 부를 창조하면서 느끼는 승리감을 즐겼다. 커리어의 중간쯤에서 그녀는 일류 자산관리 회사로 스카우트되었다. 몇 년 뒤 그녀는 회사가 비윤리적인 일에 관여하고 있다는 사실을 알게 되었다. 그녀는 자신이 내부고발자가 되면 부와 명예를 상실할까 봐 두려워 침묵했다. 하지만 내적 갈등을 겪으며 일에 투자하는 에너지가 점점 줄어들었고 자연스럽게 실적에 영향이 가기 시작했다. 그녀는 자신이 아무것도 할 수 없다는 생각에 무력감을 느끼고 알코올에 의존하기 시작했다. 결국, 직장에서 해고되고 일찍 은퇴한 뒤 아무것도 하지 않으면서 허송세월하게 되었다.

다시 한번 강조하면, 가끔 리큐레이션을 해야 하는 이유는 욕구와 우선순위가 바뀌기 때문이다. 어떤 대단한 성공을 하더라도 리큐리에이션은 필수다. 리더십의 고전으로 여겨지는 『일 잘하는 당신이 성공을 못 하는 20가지 비밀』에서 마셜 골드스미스는 리더들이 승진 후 겪는 딜레마에 관해 이야기한다. 리더들은 자신이 이전에 맡았던 역할을 훌륭히 수행함으로써 승진했기 때문에 본능적으로 최선을 다해서 '하던 대로' 하려고 한다. 하지만 자신의 성공 법칙을 그대로 유지해서는 안 된다. 하던 일을 계속하면 안 되는 이유는 두 가지다. 첫째, 새로운 역할에서 주어진 일을 훌륭하게 해내는 법을 배우지 못한다. 둘째, 마이크로 매니징을 하며 팀원들이 배우고 성장할 기회를 주지 않는 바람에 팀원들이 괴로워한다.

새로운 역할에서 성공하기 위해서는 반드시 리큐레이션이 이루어져야 한다. 아무리 좋아하는 일이라도 새로운 역할에 결정적으로 중요한 일이 아니면 그만두어야 한다. 그리고 자신이 어디에서 탁월함을 발휘할 수 있는지 찾아야 한다.

한 고객이 떠오른다. 금융 서비스 회사 상무인 제러미 이야기다. 성공한 비즈니스 개발자이자 고객 관리자인 그는 직접 발로 뛰어 현재 고객과 잠재적 고객을 만나는 것을 즐겼다. 전무로 승진하고 나서도 업무 시간의 반 이상은 늘 외근을 했다. 그런데 그사이 그의 팀은 그의 존재와 리더십 부재로 허둥대고 있었다. 나는 그가 새롭게 큐레이션을 하고 고객에게만 쏟는 에너지를 팀원들에게로 옮겨야 할 필요성을 깨닫게 해주었다. 그는 시간을 들여 가장 중요한 고객을 만나러 가는 것을 멈추지 않았지만 팀원들이 자기만큼 뛰어난 고객 관리자가 될 수 있게 그들의 능력을 개발하는 일에 더 많은 시간을 할애하게 되었다.

우선순위에 따른 에너지 분배

리큐레이션은 언제 해야 할까? 나에게 중요한 변화가 생겼을 때다. 일반적으로 변화가 일어나는 시기는 다음을 포함한다.

- 학교를 떠나 직장에 들어갈 때
- 결혼을 앞둔 관계로 발전할 때
- 아이가 태어날 때 (특히 첫 아이!)

- 이직할 때

- 파격 승진할 때

- 새로운 지역으로 이사할 때

- 부부 관계를 청산할 때

- 건강상의 위기를 겪을 때

- 사랑하는 사람이 죽었을 때

- 은퇴할 때

나는 할머니가 되면서 내게 전면적인 리큐레이션이 필요하다는 사실을 깨닫고 놀라지 않을 수 없었다. 나는 손주를 무척이나 기다렸지만, 내 아이의 아이를 만나면서 얻는 강렬한 감정적 동요에는 전혀 준비가 되어 있지 않았다. 나는 내 아이들에게서 느꼈던 것과 동일하게 손주들에게도 맹렬한 보호 본능을 느꼈다. 몇 달 안에 내 우선순위는 구조적으로 바뀌었다. 조부모 역할을 훌륭히 해내는 것이 너무도 중요한 일이 되고 말았다.

다행히 손주들은 멀지 않은 곳에 살아서 자주 만날 수 있었다. 손주들이 엄청난 기쁨의 원천인 것은 사실이지만 너무 많은 에너지가 소모되었다. 60대가 아닌 20~30대에 부모가 되는 데에는 다 그만한 이유가 있었다!

할머니 역할을 잘해내려면 나는 리큐레이션의 핵심 질문

에 답해야 했다. 바로 "어떤 일을 줄여야 할까?"였다.

사실을 직시하자. 우리는 다 바쁘다. 실제로 우리는 바쁜 것을 넘어 정신이 없을 때가 많다. 따라서 인생에 어떤 일을 추가하려면, 특히 그것이 할머니 노릇처럼 중대한 일이라면 어떤 일을 줄여야 할까?

만약 내가 줄일 수 있는 일을 하나도 생각해낼 수 없다면 인생에서 새로운 활동을 추가할 수 없다. 간단하다. 4구짜리 가스레인지를 다시 떠올려보자. 한 번에 데울 수 있는 냄비의 개수가 몇 개인지 기억하는가? 다섯 번째 냄비를 올리고 싶으면 어떻게 해야 할까? 냄비를 하나 내려놓지 않으면 다른 냄비를 올릴 수 없다.

나는 내가 엄마가 됐을 때와 마찬가지로, 내가 하고 있던 일 몇 가지를 그만두어야 했다. 그중에는 의미 있고 즐거운 일도 있었지만 어쩔 수 없었다. 예전만큼 많이 배우러 다니지 않았고, 회사를 위한 사업 개발에 들이는 시간도 줄였다. 사교 활동도 조금 줄였다. 하지만 그 결과 나는 매주 수요일 저녁과 금요일 종일을 너무도 사랑하는 손주들과 보낼 수 있게 되었다. 그럴 가치가 있었느냐고? 물론이다.

인생에 변화가 필요한 순간

내 주위의 세상이 변하고 거기에 대응해야 할 때가 있지만, 내 마음속의 어떤 목소리가 변화를 요구할 때도 있다. 무엇이 잘못되고 있다고, 즉 리큐레이션이 필요한 타이밍이라고 느껴질 때도 있다는 것이다.

샘은 투자 애널리스트였다. 그는 자기 일을 좋아했고 소질도 있었다. 아내 리사는 작지만 성공한 광고 기획사를 설립한 똑똑하고 포부 있는 여성이었다. 하지만 안타깝게도 그녀는 30대 후반에 치명적인 암에 걸린 뒤 몇 개월 만에 사망했다. 샘은 크게 상심했고 동시에 아내가 힘들게 설립한 회사를 지켜야 한다고 굳게 다짐했다. 이후 3년간 샘은 회사 운영에 최선을 다했고, 훌륭한 직원들 덕분에 회사는 나날이 번창했다. 그런데 샘은 리더로서 자신에게 두 가지 큰 문제점이 있음을 발견하고 나를 찾아왔다. 먼저 그는 숙련된 광고 기획사 대표가 아니었다. 팀이 필요로 하는 창조적이거나 기술적인 리더십을 제공할 수 없었다. 더 중요한 두 번째는 바로 자신이 광고 기획에 열정이 없다는 사실이었다. 당장 관두고 싶을 정도로 싫지는 않았지만 그렇다고 원래 하던 일만큼의 관심과 열정이 있는 것은 아니었다.

샘은 리큐레이션을 할 타이밍이었다. 그는 처음에는 탁월함을 택했다. 다시 말해, 사랑하는 아내의 유산을 이어나가는 남편이라는 대의를 택한 것이다. 하지만 그는 이제 한발 뒤로 물러나서 자기 삶의 궤적인 투자 세계로 돌아갈 시기라는 것을 깨달았다. 나는 샘이 광고 기획사를 이어받을 후계자를 정하고 이행 과정을 관리하는 것을 도왔다. 때가 되었을 때 물러난다는 샘의 사려 깊은 책임감과 현명한 결정으로 회사는 계속 번창했다. 그리고 샘은 자신이 훌륭하게 해낼 수 있는 투자 업무로 돌아갈 수 있었다.

이렇듯 리큐레이션은 경영자, 특히 기업 설립자들에게 매우 힘든 과정이다. 회사를 시작하고 키우는 일은 매우 개인적인 노력이 들어가며 리더의 정체성이 회사에서의 역할에 묶여 있을 때가 많다. 회사와 리더 자신을 위해서 물러날 때를 아는 것은 매우 어려운 일이다.

이러한 리큐레이션을 성공적으로 해내기 위한 요소 중 하나는 내가 어떤 리더인지 아는 것이다. 스타트업 창업가도 있을 것이고, 턴어라운드(적자에 허덕이던 부실 기업이 조직 개혁과 경영 혁신을 통해 흑자로 돌아서는 것-옮긴이)에 능하거나, 유지와 성장에 충실한 사람이 있을 것이다. 리더 자신이 좋아하거나 잘하는 일과 회사의 필요가 일치하지 않을 때 리큐레이션을 감행해야 한다.

내 고객이었던 래리는 매우 똑똑하고 카리스마가 넘치는 리더였다. 친구들과 함께 창업한 작은 기술 회사는 꾸준히 성장하고 있었다. 래리는 CEO로서 두 가지 목표를 세웠다. 첫째, 일하기 좋은 회사로 만들어서 인재들을 끌어오는 것. 둘째, 완벽한 고객 서비스를 제공하는 것이었다. 회사는 크게 번창했다. 그런데 직원이 100명으로 불어났을 때가 되자 래리는 지루해지기 시작했다. 변함없이 일은 잘했지만 이제 그에게 주어진 과제들이 흥미롭게 느껴지지 않았다. 그래서 그는 노련한 2인자를 영입한 뒤 점차 더 많은 일을 맡겼다. 래리가 물러날 준비가 되었을 때 새로운 리더는 통솔권을 이어받을 준비를 끝냈다. 래리는 새로운 회사를 창업했고, 그의 첫 회사도 성장과 번영을 이어나갔다.

래리는 리큐레이션에 성공한 사례지만 실제 리더 중 상당수는 수년간 자신의 열정과 정체성이었던 역할에서 멀어지는 것을 힘들어한다. 자신의 자리를 누군가 메울 수 있다는 걸 인정하지 못하는 것이다. 그리고 그들은 그동안 일에만 너무 몰두한 나머지 일터를 벗어나면 무엇을 해야 할지도 전혀 알지 못한다.

변화는 언제나 어려운 과제다

몇 년 전 나는 유대교 비영리 단체 경영자를 대상으로 '승계 계획'에 대한 강연을 한 적이 있다. 참석자들은 수년간 한 자리에서 일한 나이 지긋한 남성들이었다. 승계 계획을 성공적으로 하는 방법에 관해 설명한 뒤 세계 역사상 가장 힘들었던 승계 절차에 대한 사례를 소개했다. 바로 모세와 여호수아가 행한 지도자 여정이었다.

물론 이 이야기에는 하나님이 계승자를 선택했다는 부분처럼 현대의 리더십 승계 과정과 관련 없는 부분들이 등장하기도 한다. 하지만 이 리더십 승계 과정에서 우리는 놀라울 정도로 현대적인 개념을 발견할 수 있다.

제일 먼저 자질이다. 여호수아는 '영을 받아서' 계승자로 선택되는데, 그때나 지금이나 그것은 지도자의 중요한 자질이다. 모세는 공개 의식에서 '권위를 그에게 주라'는 지시를 받는다. 그로써 여호수아는 회중이 보는 앞에서 승계를 받는다. 모세는 여호수아에게 정확한 지침과 임무를 전달하면서 자신감과 용기를 불어넣고, 여호수아를 매우 중요한 만남에 대동한다. 백성들은 한동안 전임자인 모세를 애도하고 떠나보낸 끝에 새로운 지도자인 여호수아를 따르기 시작한다. 새로운 지도자가 된 여호수아는 즉각 실천에 돌입해 전임자 모세의 전통과 가르침을 이어나간다.

모세가 리더십을 전가하는 과정은 매우 현대적이라서 흥미를 자아낸다. 감정적으로 시사하는 바도 있다. 모세도 리더 역할을 내주기가 몹시 힘들었다. 유대교 전설에 따르면 모세는 비탄에 빠져 자신의 임무를 완수하지 못하고 이스라엘 백성을 약속의 땅으로 이끌지 못했다. 하지만 어쨌든 그는 승계 계획을 충실하게 이행했고 여호수아를 계승자로 내세운 이후에 뒤로 물러났다.

나는 이 이야기를 경영자들에게 해주면서 이렇게 끝을 맺었다.

"우리의 훌륭하신 스승 모세는 전 생애에 걸쳐 우리에게 어떻게 살아야 하는지를 가르쳐주셨지요. 돌아가실 때도 그는 우리에게 가르침을 주셨습니다. 왜냐하면, 우리도 결국 하던 일을 미완으로 남겨놓을 것이기 때문입니다. 이야기의 결말을 볼 수 있는 사람은 아무도 없습니다. 하지만 우리는 우리가 없어도 이야기가 계속되게 만들 수는 있습니다. 리더의 역할을 다음 사람에게 넘겨주고 아름답게 물러나면서 말이지요."

정말이다, 많은 청중이 눈물을 흘렸다. 애지중지하던 역할을 떠나보내는 것은 리큐레이션에서 가장 힘든 일이라고 할수 있다. 하지만 다행히 이 작업을 성공적으로 수행하는 것을 도와줄 훌륭한 롤모델들이 존재한다.

리큐레이션의 이행이 상대적으로 쉬울 때도 있지만 그렇지 않을 때도 많다. 변화는 언제나 어려운 과제다. 내 삶에서 소중한 부분을 놓고 새로운 단계에 적응해야 하기 때문이다. 작가 하임 포톡은 "모든 시작은 어렵다"라고 말했다. 나는 이렇게 덧붙이고 싶다. "모든 이행도 그렇다"라고.

내 좋은 친구인 게리와 비키 파인 부부는 많은 사람이 은퇴를 생각하는 나이에 접어들었다. 아직 팔팔하고 활기가 넘치는 두 사람은 일을 즐기며 조만간 은퇴할 생각이 없다. 부부는 1년에 한 번 자리에 앉아서 리큐레이팅에 대한 대화를 나눈다. 자신들이 어떻게 시간을 쓰고 있으며, 무엇을 즐기고, 무엇을 더 하고, 무엇을 덜 하고 싶은지, 재정적 우선순위는 무엇인지와 같은 다양한 이야기가 나온다. 좋은 관계를 유지하고 활기찬 인생을 함께 보내고 싶은 부부들에게 적극적으로 추천하는 방법이다.

나는 이렇게 생각한다. 성인의 발달에서 가장 중요한 것은 중요한 일을 찾아서 거기에 에너지를 사용하는 것이라고. 간

단한 일처럼 들릴 수 있지만 터득하기 위해서는 평생 시도를
하고, 시야를 넓히고 결단력 있게 행동해야 한다.

우선순위가 변하면
나도 달라져야 한다.

8

자기 인생의
큐레이터가 되는 법

에너지 큐레이션의 핵심에는 역설이 존재한다. 이 책은 절제에 관한 이야기다. 인생에서 의식적인 선택을 하고 그 결정을 밀고 나가는 법을 이야기한다. 매일 무엇이 중요한지 의식하고 끊임없이 그 목표에 에너지를 집중해서 살아가는 삶에 관해 이야기한다. 그것은 힘든 일이다.

동시에 이 책은 자유에 관한 이야기다. 행복하고 의미 있는 삶을 살기 위해 자유로워지는 법을 이야기한다. 나의 탁월함을 발견하고 그것을 실현하는 데 걸림돌이 되는 모든 요소에서 벗어나라고 말한다.

절제와 자유. 이 두 가지 요소는 불가분하게 엮여 있다. 충동적이고 즉각적인 만족감의 노예가 되면 진정한 자유를 느낄 수 없다.

반대로, 자유를 느끼지 못하면 진정한 절제를 할 수 없다. 대단히 엄격한 규율 안에서도 어떤 형식으로든 반칙을 허용해야 한다. 전 세계에 걸쳐 거의 모든 문화에서 의례화된 반칙이 관찰된다. 핼러윈을 떠올려보자. 이 하루만은 사람들이 우스꽝스러운 의상을 입고, 지나칠 정도로 단 것을 많이 먹고, 아이들이 집마다 돌아다니며 과자를 구걸하거나 위협하도록 내버려둔다. 새해 전야도 그렇다. 이날 우리는 거나하게 취해서 바보 같은 모자를 쓰고 코끼리 피리를 불면서 바보같은 짓을 한다. 영국에는 가이포크스 데이가 있고, 천주교는 마디그라 축제, 유대교에는 부림절이 있다.

우리는 가끔이라도 풀어져야 한다. 바로 어제 나는 이 책을 위해 세 시간을 비워두었다. 그러다가 에너지가 떨어지는 것이 느껴져서 '잠깐 쉬면서 딱 20분만 영화를 봐야지' 하고 생각했다. 세 시간 뒤 나는 여전히 TV 앞에 앉아 있었고 글쓰기 시간은 날아가버렸다.

절제력이 가져오는 진정한 자유

내 고객이었던 줄리아는 매우 체계적이고 절제력이 강한 사람이었다. 시간을 어기는 법도 없었다. 사람들에게는 항상 친절하게 대했으며, 꼬박꼬박 운동을 했다. 하지만 그녀도 인생에서 절제력을 발휘하기 힘든 세 가지 영역이 있었다. 바로 식이 요법과 규모 있는 지출, 그리고 시간 관리였다. 그녀는 이 세 가지 영역을 동시에 해결하는 것은 불가능하다는 사실을 깨달았다.

그녀가 건강한 식단을 따르고 지출에 조심하면 시간 관리가 엉망이 됐다. 돈을 아껴 쓰면서 빡빡한 일정을 다 소화하면 폭식을 하고 말았다. 건강한 식단을 따르며 시간을 규모 있게 사용하면 신용카드 사용량이 훌쩍 늘어났다. 두 가지 일은 가까스로 해낼 수 있었지만 한 번에 세 가지 문제를 관리하는 것은 불가능에 가까웠다.

앞에서 다루었던 '자아고갈' 개념을 기억하는가? 항상 모든 것을 절제할 수 있는 사람은 없다. 하지만 다시 말하지만, 선택은 할 수 있다. 언제 어디에서 내려놓을 것인가? 완전히 엇나가지 않는 범위에서 어떻게 반칙을 할 수 있을까? 어떻게 하면 이따금 '나쁜 짓'을 허용하면서 극심한 자책감에서 벗어날 수 있을까? 그리고 난 뒤 다시 제자리에 돌아오는 방법은 무엇일까?

먼저 나 자신과 나의 욕구에 대해 귀를 기울여야 한다. 피곤할 때 최고의 해결책은 쉬는 것이다. 외로우면 사람들을 만나라. 무료하면 새로운 재밋거리를 찾아라. 불안하면 일어나

항상 모든 것을 절제할 수 있는
사람은 아무도 없다.
하지만, 무엇을 절제할지는
선택할 수 있다.

서 움직여라.

내가 느끼는 것이 느껴지지 않는 척해서는 안 된다. 감정을 피하거나 부정하면 거기에 점점 더 지배당하게 된다. 그러니 나 자신에게 귀를 기울여라. 그러고 나서 선택해라.

내가 느끼는 것을 느껴서는 안 된다고 부정해서도 안 된다. 누가 내게 "감정은 뇌가 없다"라는 말을 한 적이 있다. 이 말에 전적으로 동의하지는 않는다. 내가 어떤 생각을 하는지에 따라 내가 느끼는 감정이 바뀔 수 있기 때문이다.

하지만 그와 동시에 감정은 이성과는 거리가 멀다. 내가 느끼는 것을 느껴서는 안 된다고 말하거나 내가 느끼는 감정에 대해 자책을 하면 감정을 효과적으로 관리할 수 없다. 내 감정에 대한 자책은 감정을 더 나쁘게 만들 뿐이며 정말로 어리석거나 파괴적인 행동으로 이어질 가능성이 높다.

지나는 화가 나면 그렇게 행동했다. 그녀는 심리치료사로 일하며 분노를 조절하지 못하는 고객 수백 명의 치료를 도왔다. 고객들이 느끼는 분노와 절망에 깊이 공감했으며, 편협한 판단을 내리지 않는 안전한 공간에서 그들이 자신의 감정을 표출할 수 있도록 도왔다. 그녀가 아는 한 모든 사람에게는 화낼 권리가 있고, 그것을 조절하도록 돕는 게 자신이 할 일이었다.

　모든 사람에게는 화낼 권리가 있었다. 지나 자신만 빼고. 그녀는 자신은 절대 화를 내서는 안 된다고 스스로 다잡았다. 만일 화가 난다면 그건 자신이 미성숙하다는 증거였다. 풍요롭고 멋진 삶을 누리는 자신에게는 실망하거나 짜증 내거나 절망할 권리가 아예 없다고 생각했다. 화가 나는 것은 자신이 되어야 하는 사람이 되지 못했기 때문이라고 믿었다. 다른 사람들은 화를 내도 괜찮지만, 자신만은 예외였다.

　하지만 이런 생각은 사람을 망친다. 첫째, 분노를 억누르면 주변 사람들은 그녀가 화가 난지 모르기 때문에 그녀에게 거슬리는 행동을 계속할 것이다. 둘째, 그렇게 꾹꾹 눌러왔던 분노는 한번 터지면 그 기세가 아주 맹렬할 수밖에 없다. 지나는 절대 가학적인 사람이 아니지만, 폭력성이 터져 나올 수도 있다. 그리고 그런 상황을 목격하는 사람들은 자신이 본 장면을 쉽게 잊지 못한다. 그 순간 때문에 오랫동안 소중하게 유지해온 관계가 틀어질 수도 있다.

　몇 년간 적합한 치료를 받은 끝에 지나에게도 주기적으로 적당히 화를 내도 괜찮은 곳이 생겼다. 여전히 화난 상태를 좋아하지 않고 최대한 빨리 그 상태에서 벗어나기 위해 애쓰지만, 이제는 화가 나도 그것을 무시하거나 부정하지 않는다.

　그러니 부디 자신의 감정에 귀를 기울이길 바란다. 자신의 감정을 알아차려야 언제 규율을 따르고, 언제 자신에게 여유를 주어야 할지에 대해 좋은 선택을 내릴 수 있다.

규칙을 위반하지 않는 선에서

나는 '회색 지대'를 대단히 좋아한다. 내 말에 집중해주길 바란다. '흰색 지대'는 내가 거의 항상 살고 싶은 영역이다. 그곳에서는 절제력 있고 성숙하게, 연민을 가지고 성실하게, 다시 말해 내가 원하는 이상적인 나와 타인이 존재한다. '검은색 지대'는 내가 절대 가고 싶지 않은 공간이다. 온갖 나쁜 일이 일어나는 공간이다. 불륜을 저지르고, 공금을 횡령하고, 타인을 모욕하고, 음주운전을 하고 등등.

흰색 지대와 검은색 지대 사이가 바로 회색 지대다. 회색 지대에서 나는 모범적인 인생을 살지 않지만, 그렇다고 몹시 나쁘게 사는 것도 아니다. 약간 나쁘게 산다. 한 번에 초콜릿 여섯 개를 먹기도 하고 이미 목걸이가 2,472개나 있는데 예쁘다고 또 목걸이를 산다. 바보처럼 행동할 걸 알면서도 풀사이즈 마티니를 들이켜고 글을 써야 하는데 소파에 누워 영화를 보고 있다.

회색 지대에서 하는 행동은 크게 해가 되는 것이 아니라 좀 현명하지 못할 뿐이다. 나는 우리가 가끔이라도 회색 지대를 방문해야 한다고 생각한다. 나는 회색 지대에서 춤추기를 좋아한다. 다시 말해 규칙을 위반하는 정도가 아니라 그것을 온전히 즐기며 주위의 관심을 끈다.

회색 지대에서 안전하게 시간을 보내고 싶다면 명확하게 경계선을 그어야 한다. 회색 지대와 흰색 지대의 차이점을 알아야 한다. 명확하게 경계선을 그으면 과도하게 자책하지 않으면서 자신을 풀어놓을 수 있다.

내 인생의 경계선 중 하나는 코셔 음식을 먹는 것이다. 설명하자면, 돼지고기와 갑각류를 먹지 않으면서 갖가지 규칙과 제한을 따르는 것이다. 하지만 아주 어쩌다 한번 몹시 나쁜 행동을 하고 싶을 때 아무도 모르게 코셔가 아닌 식품을 먹는다. 실로 황홀한 순간이다. 입에 작은 베이컨 한 조각을 넣으면 들끓던 욕구가 가라앉는다. 자신의 경계선에 대해서도 한번쯤 생각해보길 바란다.

회색 지대와 검은색 지대의 차이점을 구분하는 것도 몹시 중요하다. 예를 한번 들어보겠다.

제리는 직장에서 문제를 일으켜서 내게 코칭을 받으러 왔다. 그는 노련한 전문가로서 보통은 과묵한 편이었다. 하지만 회식 때마다 술을 너무 많이 마시고 여성들에게 저속한 말들을 내뱉었다. 그런 일이 재차 반복되자 여성 한 명이 인사과에 고발했고 제리는 문제 행동을 바로 잡지 않으면 해고될 것이라는 통보를 받았다.

대부분의 사람에게 회식 자리에서 술을 한두 잔 마시는 것은 회색 지대에서 하는 행동이라고 할 수 있다. 바보 같은 말을 하거나 행동을 할 위험이 커지지만 취기가 좀 오르면 즐거운 시간을 보낼 수 있다. 하지만 제리는 아니었다. 한 잔만 마시면 검은색 지대로 빠졌다. 제리는 둘 중 하나를 선택해야 했다. 자신과 동료에게 피해가 가지 않도록 회식에 가되 술을 입에도 대지 않거나, 아예 회식에 빠지는 것이다. 그는 자신의 경계선이 어딘지 파악할 필요가 있었다.

처음에 제리는 한동안 아예 금주하겠다고 결정했다가 너무 무리인 것을 깨닫고 회식 자리에 갔을 때만 아예 마시지 않는 것으로 방법을 바꿨다. 그는 이 경계선을 잘 지키고 있으며 회사에서 여전히 좋게 평가받고 있다.

한 가지 예를 더 들겠다. 아이 둘을 둔 기혼 여성 킴은 세미나 참석차 집을 떠나 있었다. 그녀의 동료 조던도 함께 세미나에 참석했는데 두 사람은 사람들을 불러 모아 함께 저녁 식사를 하자고 계획했다. 하지만 한 사람씩 사정이 생겨 불참하겠다고 빠지다가 결국엔 킴과 조던 두 사람만 남아서 식사를 하러 가게 되었다. 근사한 레스토랑에 간 두 사람은 칵테일을 마시며 대화를 나누었다.

두 사람은 호텔로 돌아왔고 조던은 킴을 방문 앞까지 데려 다주었다. 그 순간 킴은 함께 달콤한 저녁 시간을 보내고 나 서인지 조던에게 성적인 매력을 느꼈다. 두 사람은 그녀의 방 앞에 잠시 서 있었고 이윽고 조던이 말했다.

"우리 두 사람이 함께 방 안에 들어가서 즐거운 시간을 보 낼 수도 있을 거예요. 그리고 둘 다 나중에 후회하겠죠."

조던은 그녀를 부드럽게 안아준 뒤 자신의 방으로 돌아갔 다. 이게 바로 내가 말한 회색 지대와 검은색 지대의 차이를 이해하는 것이다.

경계선을 명확하게 아는 것과 별개로 회색 지대에서 머물 다가 다시 흰색 지대로 돌아가는 데 필요한 기술을 하나 더 알려주겠다. 미국의 다이어트 회사 WW의 회원들은 매주 건 강한 식사법에 관련된 정보를 얻을 수 있는 모임에 참석한다. 모임에서는 때때로 특별한 시기에 현명하게 식사를 조절하 는 방법을 논의하는데 그중 가장 큰 주제가 바로 추수감사절 이다. 이때 나온 이야기 중 하나가 아주 명언이다.

"추수감사절에 여러분이 무엇을 먹는지는 중요하지 않습 니다. 추수감사절 다음 날, 무엇을 먹느냐가 중요하지요."

추수감사절에는 과식을 할 것이 분명하다. 하지만 다음 날

제자리로 돌아와야 한다. 바꿔 말하면, 회색 지대에서 당신이 어떤 일을 하는지는 중요하지 않다. 재빨리 흰색 지대로 넘어오는 것이 중요하다.

에너지 큐레이션에서 구속당하는 기분을 느끼지 않으면서 절제를 하는 방법 중 하나는 이따금 자신을 풀어주는 것이다.

미래의 내 모습을 상상해보기

회색 지대와 검은색 지대의 차이점을 시사하는 다른 관점을 소개하고자 한다. 나는 이것을 '10년 규칙'이라고 부른다. 간단히 말하면, 어떤 것을 지금으로부터 10년 뒤에 기억할 것이 아니라면 걱정할 가치가 없다는 것이다. 이 규칙은 나의 에너지를 어떻게 쓸 것인지 판단할 때도 도움이 되고, 상대적으로 사소한 문제에 스트레스 받지 않는 데도 도움이 된다. 이 규칙은 개인적인 삶과 직장에서의 삶 모두에서 매우 유용하게 쓰일 수 있다.

당신은 지금 하는 일들을 지나칠 정도로 심각하게 여길 수 있다. 모든 것을 생과 사를 가르듯이 중요한 문제로 여기고 있는 것이다. 그러니 한 발짝 떨어져서 심호흡한 뒤 '이 일에 대해서 10년 뒤에도 기억할 것인가?' 하고 스스로 물어보길 바란다. 만약 아니라면 너무 애쓰지 마라.

흰색 지대에서 계속 머물든 회색 지대를 방문하든 핵심은 현재에 충실해야 한다는 점이다. 죄책감은 날려버리고 지금 하는 일을 즐겨라. "이게 지금 내가 할 수 있는 가장 가치 있는 일이야"라고 되뇌어라. (검은색 지대에 있다면 당연히 죄책감을 느껴야 한다. 어서 그곳을 빠져나와 엉망진창이 된 자리를 깨끗이 치워라!)

이로써 내 할 일은 다 했다. 에너지 큐레이션에 대해 내가 갖고 있던 최고의 생각들을 모두 알려주었다. 여러분들의 인생이다. 단 하나밖에 없는. 그러니 우리 모두 자기 인생의 큐레이터가 되어야 한다.

에너지 큐레이션에 성공하고 난 뒤 내 인생은 어떤 모습일지 상상해본 적이 있다. 그때 내 마음속에 떠오른 것들이 있다. 매일매일이 이런 모습일 것이다.

- 상쾌하게 기상한다.
- 하루를 맞이하는 고요한 시간을 가진다.
- 건강한 식사를 한다.
- 열심히 일한다.
- 중요한 일을 끝낸다.

- 동료들과 돈독하게 지낸다.

- 운동을 한다.

- 가족, 친구들과 좋은 시간을 보낸다.

- 새로운 것을 배운다.

- 안락한 삶에 감사한다.

- 즐거운 시간을 보낸다.

- 적당한 시간에 잠자리에 들고 숙면한다.

이게 내 완벽한 일상이다. 여러분이 상상하는 일상과 같은 부분도 있고, 다른 부분도 있을 것이다. 자신만의 비전을 만들어서 현재를 파악하고 동시에 자신의 큐레이션을 지켜나갈 수 있도록 영감을 주는 용도로 활용하길 바란다.

절제와 자유는 언제나 함께 간다. 여러분이 에너지 큐레이션에 성공해서 탁월해지고, 의미를 찾고, 변치 않는 진정한 기쁨을 얻기를 진심으로 기원하겠다.

여러분들의 인생이다.
단 하나밖에 없는.
그러니 우리 모두 자기 인생의
큐레이터가 되어야 한다.

옮긴이 한원희

캘리포니아대학교 어바인캠퍼스에서 연극학부를 졸업하고 이화여자대학교 통역번역대학원을 졸업하였다. 주요 역서로는 『자기결단력』, 『빌리브 잇』, 『숲과 별이 만날 때』, 『아마존 리테일 리포트』, 『아마존 이노베이션』, 『왕좌의 게임 아트북』, 『왕좌의 게임 메이킹 포토북』 등이 있다.

쉽게 방전되는 당신을 위한 에너지 사용법

초판 1쇄 발행 2022년 9월 30일

지은이 게일 골든
옮긴이 한원희

발행인 이재진 **단행본사업본부장** 신동해
책임편집 이혜인 **국제업무** 김은정
마케터 최혜진 신예은
홍보 최새롬 반여진 정지연 **제작** 정석훈
디자인 디스커버

브랜드 갤리온
주소 경기도 파주시 회동길 20
문의전화 031-956-7208 (편집) 02-956-7087(마케팅)
홈페이지 www.wjbooks.co.kr
페이스북 www.facebook.com/wjbook
포스트 post.naver.com/wj_booking
발행처 ㈜웅진씽크빅 **출판신고** 1980년 3월 29일 제406-2007-000046호

ISBN 978-89-01-26470-7 03190